L'ABBAYE
DE
FONTENAY
ET
L'ARCHITECTURE CISTERCIENNE

PAR

LUCIEN BÉGULE

Préface d'Édouard AYNARD

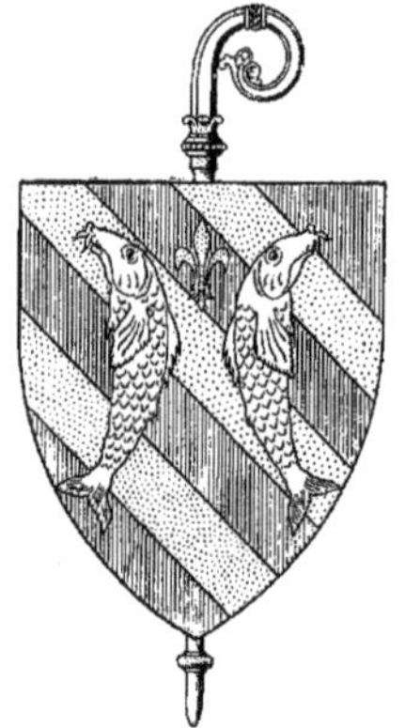

LYON
A. REY, IMPRIMEUR-ÉDITEUR
4, RUE GENTIL, 4

1912

L'ABBAYE

DE

FONTENAY

ET

L'ARCHITECTURE CISTERCIENNE

ABBAYE DE FONTENAY

Ph. L. Bégule.

VUE GÉNÉRALE

L'ABBAYE

DE

FONTENAY

ET

L'ARCHITECTURE CISTERCIENNE

PAR

LUCIEN BÉGULE

PRÉFACE D'ÉDOUARD AYNARD

LYON

A. REY, IMPRIMEUR-ÉDITEUR

4, RUE GENTIL, 4

—

1912

VALLÉE DE FONTENAY

Ph. L. Bégule.

PONT DE TOUILLON. — RUISSEAU DE FONTENAY

INTRODUCTION

Après cinq années de grande activité, les travaux de dégagement, de consolidation et d'entretien, qui ont été entrepris à l'Abbaye de Fontenay, touchent à leur fin. J'ai prié mon ami, M. Lucien Bégule, de l'Académie de Lyon, de vouloir bien écrire, à ce moment propice, la monographie historique et artistique du monument. On me permettra de faire précéder son Étude *de quelques mots. Nul n'était plus préparé que M. Bégule à écrire l'histoire de notre abbaye. Tout d'abord, ayant suivi l'œuvre de reconstitution et y ayant même participé, il avait pu longuement étudier toutes les parties de l'édifice. Passionné pour les choses du passé et spécialement pour l'époque romane et du moyen âge français ; auteur d'une savante* Histoire de la Cathédrale de Lyon, *d'un important travail sur* les Vitraux anciens de la région lyonnaise, etc. ; *l'un des derniers maîtres en cet art du vitrail, qui s'associe si étroitement et avec tant de splendeur à l'architecture ; l'un de ces savants qui contrôlent ce que racontent les traditions, les archives et les histoires avec sagacité et avec conscience, on peut reconnaître que M. L. Bégule, y ayant appliqué toutes ces qualités constitutives de son talent, a fait de sa monographie une page d'histoire exacte, d'un jugement d'art pénétrant, auquel s'ajoute le sentiment de celui qui aime ce qu'il étudie.*

Il n'existait auparavant que des appréciations sommaires, ou seulement documentaires, sur l'Abbaye de Fontenay[1]. *Son art et son histoire, comme le sens général de l'œuvre, paraissent désormais fixés par le travail patient et*

[1] Il faut cependant rappeler avec reconnaissance la monographie de M. l'abbé Corbolin, curé de Marmagne, vieil ami de notre famille, dans laquelle sont rassemblés les plus sûrs documents historiques (1882).

éclairé de M. Bégule. Grâce à lui, les visiteurs saisiront plus vite les raisons de sa sévère beauté. C'est que Fontenay est de ces œuvres d'art qui ne se livrent pas du premier coup. Le monument a un sens presque mystérieux qui ne se révèle qu'aux yeux qui savent regarder longtemps. Devant ces choses, il faut faire oraison, comme disait Renan ; pour les deviner, il faut tâcher, ne serait-ce que pour un instant, de se mettre dans l'état d'esprit et de cœur de ceux qui, au XIIe *siècle, furent les fondateurs de l'Abbaye de Fontenay. Ils étaient de l'âge sublime de la vie monacale, de cette élite religieuse et humaine qui tint debout pendant plusieurs siècles la foi, la civilisation et l'intelligence. Ils étaient les fils directs du grand saint Bernard, dont il serait superflu de rappeler les invectives pieuses et les luttes contre les moines magnifiques de Cluny, pour exalter la pauvreté conventuelle et la gravité pure de l'art religieux. Ce grand saint disait qu'il ne voulait ni images, ni décor dans l'église « parce qu'on a plus de plaisir à lire sur le marbre que dans son livre et qu'on aime mieux passer le temps à l'admirer tour à tour qu'à méditer sur la loi de Dieu ».*

L'art véritable n'a jamais menti, surtout dans l'architecture, qui résume tous les arts, chaque fois qu'il a pu réfléchir et perpétuer un moment de l'âme et du sentiment, de quelque source qu'il provienne. L'art a toujours pu s'exprimer librement, lorsqu'il a eu quelque chose à dire. Ainsi pratiqué, l'art devient la seule histoire sincère de ces sentiments des hommes, qui ne se racontent pas dans les livres et qui expliquent tant de choses.

D'autres monuments sont plus grandioses, plus somptueux et agissent davantage sur les sens. Ce qui fait l'intérêt passionnant de l'Abbaye de Fontenay, ce par quoi elle touche l'âme, c'est qu'elle est l'expression de la volonté indomptable d'un saint ; elle dit avec force ce que signifie non pas le moine, mais un moine de Cîteaux vers 1130 ; elle raconte sa vie. Les murs et les cloîtres, à Fontenay, restent comme imprégnés de la prière et de l'œuvre des fils de saint Bernard. Trop d'églises forment des contre-sens religieux et arrivent parfois, par leur fadeur profane, à une sorte d'injure contre la prière. Fontenay évoque la foi intacte. Son architecture puissante se montre comme une fortification contre le monde, mais où l'on y garde cependant le lien avec le monde et avec l'homme par le travail. On sait que le travail était imposé aux moines par la règle de Cîteaux ; ils devaient travailler et apprendre le travail aux autres, en colonisant comme ils l'ont fait autour d'eux. C'est pourquoi, à Fontenay, l'abbaye se développe entre l'église, qui était la maison de prière, et une grande forge, qui était la maison de travail. Symbole permanent et toujours vivant d'un emploi de la vie.

En ce qui regarde l'art cistercien, dont Fontenay est l'un des seuls exemplaires sans faute, on peut certes penser que le rigorisme de saint Bernard est exagéré et qu'il ne convient qu'à des êtres de perfection. Il faut concéder que l'ascétisme, transporté à ce point dans l'art, restreint singulièrement l'ample et nécessaire contact de l'artiste avec la nature ; il ne peut employer ainsi que partiellement ses infinis trésors. Aussi bien, il fallait attirer le peuple dans l'église, par ces musées harmonieux, en étroite union avec l'architecture, que constituaient au moyen âge les sculptures, les vitraux et les fresques ; par toutes ces illustrations matérielles de la foi, qu'un Concile appelait : la Bible des illettrés, et Dante, d'un mot merveilleux : visibile parlar[1] : *la parole visible.*

Cependant, la sévérité de l'art préconisé, ou plutôt ordonné par saint Bernard, a eu son très grand avantage et son influence pour arrêter sur la pente de la recherche trop prompte du décor, auquel on recourt toujours assez tôt; de ce décor abondant, vite insignifiant, qui flotte à la surface de l'œuvre et ne s'y incorpore pas. Trop souvent le décor architectural ne jaillit pas de la construction elle-même ; il devient le moyen de déguiser des fautes ou de suppléer au vide de l'expression. En interdisant l'image et l'ornement à l'architecte cistercien, saint Bernard l'a obligé à se confiner en ce qui est l'essentiel, c'est-à-dire le pur dessin et la mesure de la ligne ; puis à dégager, de l'ensemble des lignes, leur proportion. On a dit que le Parthénon n'était que le génie dans les proportions ; saint Thomas d'Aquin se rapproche de cette pensée, en définissant l'art : la clarté dans une juste proportion. C'est considéré à ces lumières que Fontenay représente une œuvre d'art sincère, clair reflet d'une conception monacale de son temps, émouvante par la perfection absolue des simples lignes de son église ; par la sobre beauté de ses cloîtres robustes supportés par deux cent cinquante colonnes infiniment variées dans leur unité générale, dans lesquels se jouent les magies de l'ombre et de la lumière ; par ses salles capitulaires d'une sobre élégance. Une ornementation sommaire des chapiteaux d'un dessin très abstrait, reproduisant surtout les feuilles lancéolées des plantes aquatiques de la vallée, vient y rompre partout l'uniformité. Le monument ayant été construit presque d'un seul coup, en

[1] *Divine Comédie :* Purgatoire, chant X, vers 95.

acquiert le privilège si rare d'une complète harmonie. On a dit de l'architecture qu'elle était de la musique pétrifiée. Fontenay y représente le plain-chant.

Une autre particularité de Fontenay se découvre en ce qu'il reste la seule abbaye cistercienne du XII*e siècle, et peut-être la seule dans les siècles qui ont suivi, dont l'organisme, pour ainsi dire, se découvre encore à peu près complet. Tout est encore debout dans les parties essentielles et maîtresses de l'édifice, hormis le grand réfectoire, déjà ruiné avant la Révolution. Le site lui-même n'a pas été altéré. Dans la paix claustrale du vallon de Fontenay, les eaux, les bois et les pierres consacrées fraternisent ensemble, comme huit siècles auparavant. La rivière, pleine de cette eau cristalline et froide, que saint François d'Assise appelait « chaste », coule toujours le long des murs qui ont vu la pureté des premiers religieux.*

Ces quelques pages n'étant destinées qu'à un nombre restreint d'amis, leur bienveillance certaine me laisse plus libre d'expliquer comment je suis devenu l'occupant de Fontenay pour une courte suite de jours. J'ai conservé cette demeure vénérable, parce que je savais réaliser le désir silencieux de celle que j'ai perdue ; je ne voulais pas laisser sortir de notre famille un bien possédé par elle depuis près d'un siècle ; et enfin, je subissais l'attraction irrésistible de l'œuvre d'art à faire réapparaître et à consolider. Si Fontenay est resté debout, c'est parce que l'industrie, depuis longtemps et si honorablement exercée par mes prédécesseurs, en même temps qu'elle voilait la beauté de l'édifice, le conservait cependant à sa manière par l'occupation des usines exigeant un constant entretien. Pour ramener l'abbaye au jour, le programme était considérable, mais en même temps d'une indication claire et simple. Il consistait à dégager tout d'abord la pierre précieuse de l'art de sa gangue industrielle, en sacrifiant toutes les adjonctions parasites de la manufacture ; à ramener le monument à ses anciennes proportions et à ses niveaux, qui, ayant été profondément altérés, en faussaient l'aspect ; à suivre avec un soin méticuleux et un respect absolu les parties anciennes à consolider et à restaurer ; à s'abstenir de toute construction neuve, sous prétexte de compléter ou de faire revivre ce qui avait péri ; à mettre le nouveau tracé des jardins en rapport avec les lignes monumentales, et enfin à égayer le sombre monastère par les eaux jasantes dérivées de la rivière. Ce plan a été suivi exactement ; il est juste d'en attribuer l'honneur à ceux qui l'ont habilement accompli. Je voudrais pouvoir louer plus à mon aise le bon sens et la clairvoyance architecturale, l'ardeur soutenue de mon fils René Aynard, qui l'a seul dirigé. Il a été parfaitement secondé par notre entrepreneur, M. Bernard Bailly, de Montbard, et par son contremaître, M. Emile Bailly, qui ont conduit les travaux avec une intelligence remarquable du passé et une inlassable activité. Ils se sont montrés de la famille des maîtres-artisans du moyen âge, qui savaient se tenir en communion avec les maîtres de l'œuvre.

Les vitraux ont tous été l'œuvre excellente de M. Bégule qui, dans leur conception, a scrupuleusement suivi les traditions et les règles de l'art de Cîteaux.

Enfin, je dois rappeler, avec une affectueuse gratitude, les conseils éclairés de mon beau-frère, M. Henri de Montgolfier, qui, ayant passé sa vie à Fontenay, le connaît si bien ; ainsi que la collaboration de son fils, M. Paul de Montgolfier, qui a reproduit, en de belles et précises aquarelles, les nombreux spécimens de carrelages émaillés des XIIIe *et* XIVe *siècles se retrouvant encore dans l'église et les cloîtres.*

En terminant cette courte présentation de l'ouvrage de M. Lucien Bégule à mes amis, qu'il me soit permis d'ajouter, ne serait-ce que pour encourager ceux à qui incomberait la charge d'un travail semblable à celui qu'il a été dans ma destinée d'accomplir, qu'il n'est point sans joie ni sans récompense. J'ai trouvé l'une et l'autre en m'y associant avec un de mes chers enfants ; en faisant un acte de foi et d'amour envers la vieille France dont tous ceux qui le peuvent doivent préserver les glorieux titres d'art ; et enfin, j'ai goûté la satisfaction du vieillard qui conserve l'illusion de la vie qui échappe, en prolongeant la vie plus durable de choses, dont il ne s'est jamais cru que le dépositaire respectueux et passager.

ED. AYNARD.

Octobre 1911.

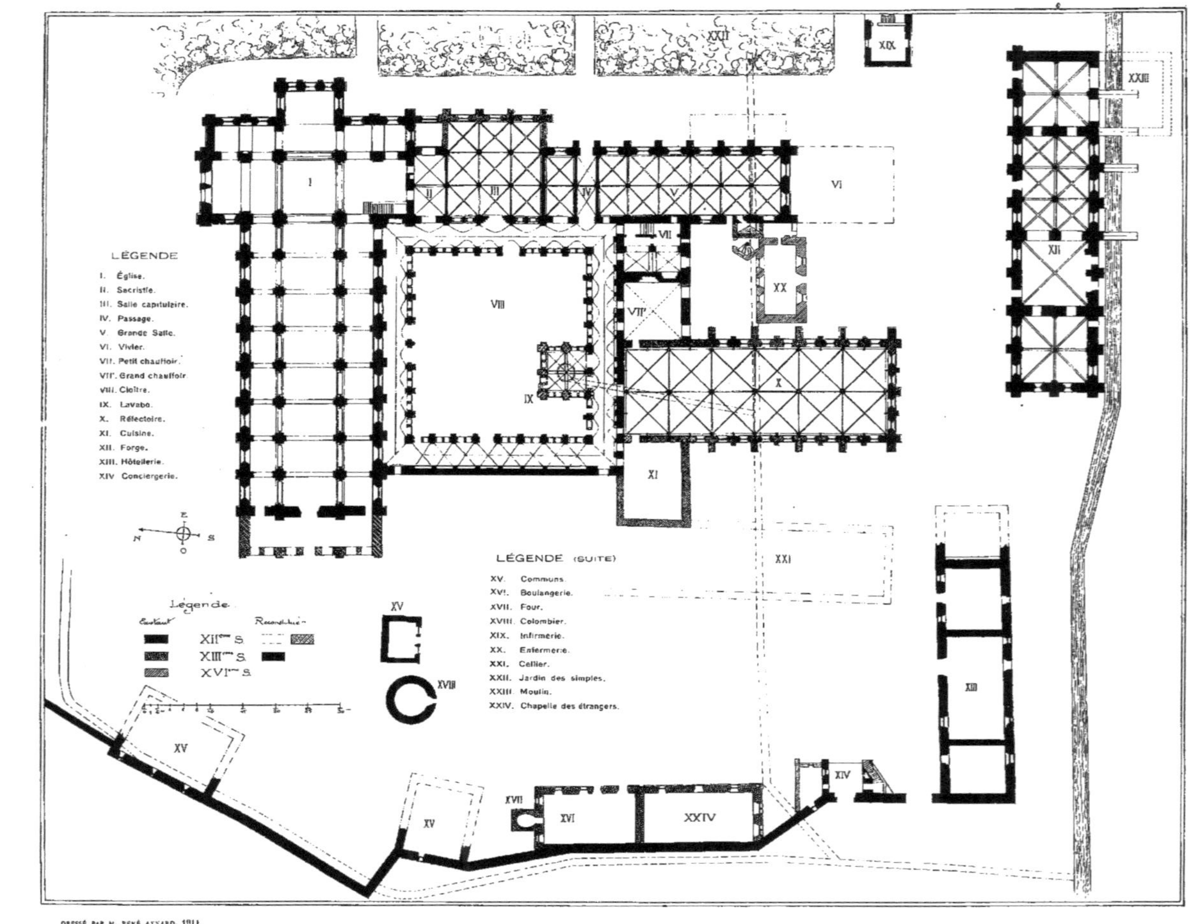

PLAN DE L'ABBAYE DE FONTENAY

L'ABBAYE

DE

FONTENAY

SOMMAIRE HISTORIQUE

1. Sculpture sassanide
provenant de l'ancienne abbaye de Pécheny (Oise).
(Collections de Fontenay.)

L'Ordre des Cisterciens fut fondé en 1098, dans le diocèse de Langres, au milieu de la forêt marécageuse de Cîteaux, par saint Robert, abbé de Molesmes, dans le but de rétablir la stricte observance de la règle bénédictine, alors fort relâchée. Saint Albéric en fut le premier abbé. En 1109, Etienne Harding, d'origine anglaise, succède à Albéric, et saint Bernard, avec trente de ses compagnons, vient, en 1113, lui demander l'habit.

Cîteaux prend bientôt un tel développement qu'il faut répartir ses religieux en des colonies nouvelles, et, en trois années, s'élèvent les abbayes de Pontigny (diocèse d'Auxerre), la Ferté (diocèse de Chalon-sur-Saône), Clairvaux et Morimont (diocèse de Langres). Ce furent les quatre premières filles de Cîteaux, qui ne tarda pas à en compter beaucoup d'autres.

Bernard, devenu abbé de Clairvaux, détacha de sa maison trois colonies pour fonder successivement Troisfontaines (1115), Fontenay (1118) et Foigny (1121). Le 26 octobre 1118, il part de l'abbaye de Clairvaux, accompagné de douze religieux, arrive à Châtillon-sur-Seine, descend dans la direction du sud-ouest, au travers d'épaisses forêts, et s'arrête à l'ermitage des pieux cénobites, frères Martin et Milon. Cette retraite, appelée *Chastellum* (petit château), était située à la pointe d'un rocher entouré de murailles, au bas de la forêt du Petit-Jailly, non loin du *castrum Tullioni*, propriété de la famille de Bernard, et du *castrum Montis Barri*, aujourd'hui Touillon et Montbard. Quelques traces de cet ermitage se distinguent encore à l'extrémité de l'étang Saint-Bernard. Une source, sortant du pied des murs, alimente l'étang : jusqu'au XVIe siècle, elle passait pour miraculeuse, avec la propriété de guérir de la teigne ou râche. De là le nom de la source et de la vallée de la « Racherie[1] ».

Les religieux, que Bernard, en retournant à Clairvaux, avait mis sous la direction de son parent Godefroy de la Roche, restèrent douze ans dans cette solitude, se consacrant au défrichement de la vallée et à la pratique de toutes les vertus. Ils étaient soutenus par les préceptes et les exemples que leur avait laissés Bernard, qui semble avoir veillé avec une sollicitude toute spéciale sur l'abbaye naissante ; c'est, en effet, pour les religieux de Fontenay qu'il composa son premier grand ouvrage : le traité *de Gradibus humilitatis et superbiæ*, véritable traité de perfection chrétienne proposé aux méditations de ses moines.

Mais bientôt, le nombre des religieux s'accroissant, l'ermitage devint trop étroit. En 1130, ils durent chercher un emplacement plus vaste et descendre à un kilomètre plus bas dans la vallée, à l'intersection de celle qui est arrosée par le ruisseau de Fontenay, là même où se trouve l'abbaye actuelle. Le terrain leur fut concédé par l'évêque d'Autun, Etienne de Bâgé, et par l'oncle maternel de saint Bernard, Rainard de Montbard.

[1] Les documents historiques concernant Fontenay sont abondants, mais disséminés en de nombreux cartulaires, dans les manuscrits de la Bibliothèque de Châtillon, dans des pièces d'archives, etc. M. J.-B. Corbolin, curé de Marmagne, les a réunis et coordonnés en un volume qui est actuellement la seule histoire de l'abbaye : *Monographie de l'Abbaye de Fontenay, seconde fille de Clairvaux*, Citeaux, 1882. Nous ne pouvions mieux faire que de mettre ce consciencieux travail largement à contribution pour esquisser très sommairement l'histoire de la construction de Fontenay ; le but de cette étude étant surtout de faire connaître l'abbaye par une description exacte et une abondante documentation illustrée.

La solitude de cette région répondait parfaitement aux exigences de la règle, qui interdisait aux Cisterciens de fonder leurs monastères à proximité des villes, des manoirs féodaux et des villages[1].

L'emplacement de la nouvelle colonie était marécageux et insalubre. Il fallût capter de nombreuses sources, drainer les ruisseaux, défricher, assainir et amender le terrain peu fertile et se livrer à d'importants travaux préliminaires. C'est vraisemblablement à cette abondance d'eau que l'abbaye doit son nom de Fontenay, *Fontanetum*, qui nage dans les fontaines.

Ph. L. B.

2. Étang Saint-Bernard.

Deux inscriptions du XVIIe siècle, peintes sur les solives du porche d'entrée du monastère, appuient cette interprétation :

SPIRITUS DEI FEREBATUR SUPER AQUAS.

[1] Instituts du Chapitre général de Citeaux : *In civitatibus, castellis, villis, nulla nostra construenda sunt cœnobia, sed in locis a conversatione hominum remotis.*

La seconde, jouant sur les mots et conçue de bizarre façon, est encore plus explicite :

QUID HIC, VIATOR, ASPICIS MORÆ INSCIUS ? NOMEN REQUIRIS CONDITUM NANTIS DOMUS AQUA SUPER RECONDITA. NEQUE HIC LOCUS NAT, SED SCIAS VIROS NANTES HAC IN DOMO. HABEBIT ERGO NOMEN ET RECONDITUM. HOC FONTE NET SIQUIS FUGAX MUNDI MALI.

N. DELESSALOT EX MONSBARRENSI MESPARTU FECIT 1655.

« Que regardes-tu, voyageur impatient de tout retard ? Tu cherches le nom mystérieux de cette maison qui nage sur une onde cachée. Eh bien ! sache que cette maison ne nage pas en réalité, mais que ce sont les hommes qui l'habitent qui nagent. Si, fuyant le monde pervers, tu viens nager dans cette maison, tu sauras son nom, Fontenay. » (Corbolin, *ouvrage cité.*)

On commença par bâtir une petite église provisoire dédiée à saint Paul, qui a subsisté jusqu'au XVIe siècle. Puis, en conformité avec les prescriptions du premier Chapitre de 1119, le monastère est conçu de telle sorte qu'il réunisse dans son enceinte toutes les choses nécessaires à la vie — « de l'eau courante, un moulin, des jardins fruitiers et potagers, des ateliers, etc. » — afin que les religieux n'aient pas de prétextes pour les aller chercher au dehors. Fontenay réalisa donc exactement, dans cette riante vallée, le programme tracé par la constitution de Cîteaux.

Le premier abbé, Godefroy de Rochetaillée (1118-1132), qui avait présidé à l'installation de l'abbaye et établi les premières constructions, ne tarda pas à quitter Fontenay pour se retirer auprès de son ami et parent Bernard, encore abbé de Clairvaux. Sous l'administration de son successeur, Guillaume de Spiriaco (1132-1154), l'abbaye continua à prendre un rapide accroissement et bientôt il fallut songer à la construction d'une nouvelle église et de bâtiments claustraux en rapport avec l'importance de la communauté.

C'est alors qu'en 1139 un prélat anglais, Ebrard, évêque de Norwich, de la grande famille d'Arrundel, abandonna son évêché à la suite de persécutions et vint chercher le repos à Fontenay dans la paix et la solitude. Possesseur de biens considérables, il résolut de les employer aux constructions de l'abbaye et, en particulier, d'une vaste église qui fut achevée en 1147 et dans laquelle il fut enseveli. Sa tombe, placée dans le chœur, devant le maître-autel, existe encore (fig. 3). En même temps, Ebrard édifiait pour sa résidence un château en dehors de l'enceinte du monastère. On en reconnaît les substructions dominant toute l'abbaye au milieu des bois, qui s'appellent encore *Bois l'Evêque*. La consécration de l'église eut lieu, le 21 septembre 1147, par le pape Eugène III, au milieu d'un immense concours de cardinaux, d'évêques, d'abbés de l'ordre de Cîteaux et de nombreux chevaliers et seigneurs bourguignons.

Le XIIe siècle fut la grande ère de prospérité de l'abbaye. Sous Guillaume de Montbard, premier abbé de Fontenay (1167-1170), une bulle du pape Alexandre III confirme à Fontenay ses biens, ses droits et la faculté d'élire son abbé avec l'agrément de Clairvaux. L'abbaye reçut en même temps le droit d'asile, non seulement dans son enceinte, mais aussi dans ses métairies et ses dépendances. Vers la fin du XIIe siècle, on édifia les autres bâtiments ; un réfectoire monumental remplaça le précédent, dont les proportions étaient devenues trop exiguës, et une forge, dont la soufflerie était actionnée par une dérivation de la rivière, fournit aux religieux une diversion industrielle aux travaux des champs, qui étaient l'occupation fondamentale de l'ordre.

3. TOMBE D'ÉBRARD ÉVÊQUE DE NORWICH. (XIIe siècle.)

Pendant le XIIIe siècle, l'abbaye, dont tous les bâtiments claustraux sont achevés, est souvent inquiétée et exposée aux coups des pillards par son isolement et le renom de ses richesses. Elle dut même recourir, en 1234, à la protection du pape Grégoire IX, comme à celle du duc de Bourgogne, Hugues IV. Sous l'abbé Guillaume IV (1252-1269), les religieux sont obligés d'envoyer une députation à saint Louis, à Asnières, pour solliciter son appui. Leur demande fut écoutée favorablement : une ordonnance royale les exempta de tout droit fiscal et les autorisa à circuler dans tout le royaume sans payer de tribut, ce qui fit donner à Fontenay le titre d'Abbaye Royale. C'est pour cette raison qu'une fleur de lis figure dans ses armoiries.

Au début du XIVe siècle, l'abbaye acquiert une grande prospérité et compte trois cents moines ou convers, tant dans le cloître que dans les métairies. Mais cette prospérité devait être bientôt troublée par la guerre de Cent ans et la Jacquerie. En 1359, les Anglais, sous la conduite d'Edouard IV, s'emparent de Flavigny, saccagent toutes les abbayes voisines et exigent une énorme rançon qui dut être payée par tous les évêques et les abbés de la région, en particulier par celui de Fontenay. « En 1631, le roi d'Angleterre répare le préjudice qu'il venait de causer à l'abbaye en lui donnant 40.000 moutons d'or destinés à la reconstruction de ses murs et à l'amélioration de son église[1]. »

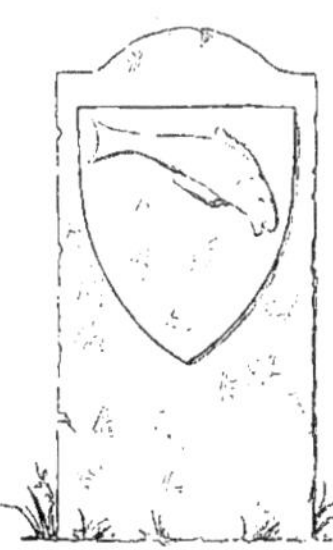

4. BORNE DE SÉPARATION DES DOMAINES DE L'ABBAYE[2].

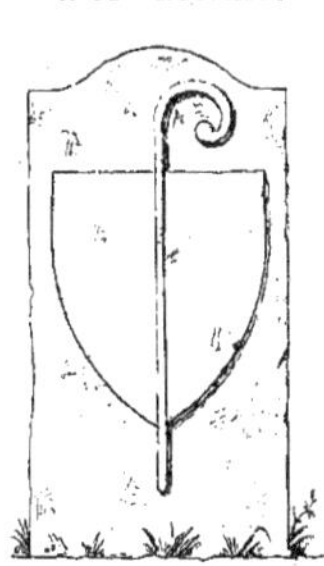

5. BORNE DE SÉPARATION DES DOMAINES DE L'ABBAYE[3].

Pendant les premières années du XVe siècle, les bandes armées des « écorcheurs » et des routiers, réunies en « grandes compagnies » pour ravager et rançonner la Bourgogne, ne cessent d'attaquer le monastère.

L'abbé Nicolas (1378-1417) obtient du duc de Bourgogne, Philippe le Hardi, le droit de construire autour de l'abbaye un mur d'enceinte pour la préserver de leurs incursions ; ce qui n'empêcha pas, de 1440 à 1459, les pillards de mettre l'abbaye à feu et à sang et d'incendier le grand dortoir.

Sous l'administration du vingt-neuvième abbé, Jean Frouard (1459-1493), Charles VIII prend Fontenay sous sa protection. La longue administration de Jean Frouard, d'une durée de trente-quatre ans fut favorable à la prospérité du monastère que les souverains pontifes, les rois, les ducs, les seigneurs de la contrée dotèrent de nouveaux privilèges. D'année en année, les offrandes se multipliaient, les aumônes affluaient ; les richesses du monastère étaient immenses en propriétés, vignes, bois, rivières, droits de pêche et redevances. Les religieux devenaient si nombreux que l'abbaye dut créer de nombreuses succursales et dépendances qui prirent le nom de Petits-Fontenay.

Avec le XVIe siècle commence l'ère de décadence matérielle et morale de

[1] Corbolin, *ouvrage cité*, p. 175.

[2] Elle existe encore au lieu dit « La Roche-Percée », séparant le territoire de Marmagne, dont l'abbaye fait partie, de celui de Montbard.

[3] Elle se trouvait naguère au bord des champs de la « Croix-Prieure », situés sur le plateau septentrional, du côté de Marmagne.

Fontenay, qui souffre des ravages causés par les guerres de religion, principalement en 1567. Ce fut surtout l'établissement du régime de la Commende, en 1557, qui en fut une des principales causes. On conçoit que l'administration de ces abbés, nommés par la faveur royale, souvent très jeunes, avec des habitudes de luxe et d'intempérance, ne résidant même pas au monastère, dont ils

Ph. L. B.

6. ÉTANG DE LA ROCHE ET FOND DE LA VALLÉE.

dépensaient les revenus à leur guise, n'était pas de nature à maintenir la fortune de l'abbaye et l'observance de la règle cénobitique. Aussi la dissolution, le relâchement et les ruines matérielles font pressentir la déchéance prochaine et irrémédiable du monastère menaçant de compromettre définitivement la vitalité de Fontenay.

Dès le milieu du XVIIIe siècle, certains bâtiments de l'abbaye avaient considérablement souffert, non seulement des dégradations et des attaques à main armée, mais aussi de l'humidité provenant du ruisseau Saint-Bernard, dont les eaux s'infiltraient dans le sol de l'église et pourrissaient les boiseries à tel point que la célébration des offices devenait fort difficile en dehors du chœur. Nous savons aussi par le cahier de la visite faite à Fontenay, en 1745, par l'abbé de Trois-fontaines, qu'à cette époque le réfectoire était dans un tel état de délabrement qu'il fallut le démolir pour prévenir son effondrement.

La Révolution consacra la ruine de Fontenay, qui fut vendu en octobre 1791 avec ses terres, bois et vignes et adjugé au prix de 78.000 francs au sieur Claude Hugot, de Précy-sous-Thil, qui transforma les bâtiments en papeterie. Les fermes, la bibliothèque, le mobilier, adjugés à vil prix, furent l'objet d'une vente spéciale. M. Hugot vendit Fontenay vers 1812 à M. Guérin, qui, en 1820, le revendit à son tour à M. Elie de Montgolfier, d'Annonay, qui exploita de nouveau les bâtiments de l'abbaye pour la fabrication du papier. Elie de Montgolfier céda la propriété à son gendre Marc Seguin, de l'Académie des Sciences, qui la remit à bail à Raymond et Laurent de Montgolfier, ses gendres, lesquels donnèrent une grande extension à la fabrication du papier, en créant trois nouvelles usines dans la vallée, a la Fontaine de l'Orme, la Châtaignère et Choiseau Les fils de Raymond de Montgolfier, MM. Auguste et Henri de Montgolfier, succédèrent en 1873 à leur père dans la propriété et l'exploitation des manufactures de Fontenay, puis les apportèrent, en 1890, à une Société dénommée : « La Société anonyme des Papeteries de Montbard », dont ils furent les administrateurs délégués. Cette Société entra en liquidation volontaire en 1902 et, en octobre 1906, le possesseur actuel, M. Edouard Aynard, gendre de M. Raymond de Montgolfier, acquit la propriété de Fontenay, en vente amiable et publique.

Il est intéressant de constater que Fontenay n'a pas que des titres artistiques qui soient dignes de mémoire. C'est à la Fontaine de l'Orme, sur le domaine de Fontenay que se sont faits, en 1830, les premiers essais de pisciculture en Europe, par MM. Hyvert et Pilachon, renouant les traditions des moines. Et l'illustre Marc Seguin, l'inventeur des chemins de fer en France et des ponts suspendus, dont l'ample génie s'est produit en tant d'autres recherches ou formes scientifiques, et qui a résidé près de vingt-cinq ans à Fontenay, y a fait, de 1855 à 1860, les premières expériences d'aviation, qu'il a poursuivies ensuite à Annonay. Et ses petits-fils, Laurent et Louis Seguin, suivant les voies ouvertes par leur aïeul, ont à leur tour inventé le « Gnome », le meilleur des moteurs actuellement employés pour actionner les aéroplanes.

Pendant tout le XIXe siècle, comme on l'a vu, Fontenay avait été transformé en exploitation industrielle, mais par des hommes éclairés, qui s'étaient attachés à préserver de mutilations graves les parties anciennes de l'abbaye offrant un intérêt artistique. Cependant la forge avait été surélevée d'un étage, ainsi que la galerie occidentale du cloître; de nombreux bâtiments récents, des hangars étaient affectés

Ph. L. B.

7. Vallée et ruisseau de Fontenay.

aux travaux de la papeterie, et enfin deux hautes cheminées complétaient l'aspect industriel de cette ruche ouvrière.

Il devait suffire, à un moment donné, de faire disparaître toutes ces constructions parasites pour rendre aux vieux édifices « leur rude et impérissable beauté[1] ».

Depuis cinq ans, cette transformation s'est opérée méthodiquement, et peu à peu les trois usines de la vallée ont disparu, les multiples bâtiments modernes élevés dans l'enceinte de l'abbaye ont été rasés, et la forge a repris son aspect primitif.

[1] André Hallays, « l'Abbaye de Fontenay » *(Journal des Débats,* 27 août 1909).

Ces démolitions représentent une surface bâtie de plus de 4.000 mètres carrés. Le sol de l'église a été ramené à son ancien niveau, dégageant les bases des piliers enterrés de près de 80 centimètres, et les quatre travées du bas côté méridional, qui avaient été murées pour former une chapelle privée, viennent d'être rendues à leur destination première. L'église est donc aujourd'hui intégralement ce qu'elle était en 1147. Enfin, l'aile orientale du cloître, qui s'inclinait d'inquiétante façon, a été remontée pierre par pierre, avec un soin méticuleux. Ces divers travaux, très habilement et très respectueusement conduits par M. René Aynard, sans l'intervention d'aucun architecte, ont rendu à Fontenay son aspect primitif dans le cadre agreste et solitaire que les moines du XIIe siècle avaient si bien su découvrir.

Ph. L. B.

8. CHATEAU D'EAU

Ph. L. Bégule.

9. Étang de la Roche.

Ph. L. B.

10. Ensemble du Cloitre.
(L'église. Le dortoir.)

DESCRIPTION DE L'ABBAYE

Après avoir traversé la ville de Montbard et dépassé le petit village de Marmagne, le voyageur, qui se dirige à l'est, pénètre dans le vallon des Egreviès resserré entre les collines plantées de vieux arbres et arrosé par le ruisseau de Fontenay, dont les eaux limpides se jettent dans la Brenne, affluent de l'Yonne. Laissant la route de Touillon, au milieu de cette vallée silencieuse et mélancolique, il s'engage sous une sombre ramure de mélèzes et de sapins et se trouve bientôt en face de vastes bâtiments auxquels donne accès une porte couronnée d'un écusson surmonté de la crosse abbatiale et portant : *de gueules à trois bandes d'or ; chargé de deux bars, adossés, au naturel, brochant sur le tout, et surmonté d'une fleur de lis d'or.*

C'est l'austère et antique abbaye de Fontenay qui, depuis plus de sept siècles, atteste dans son immuable beauté architecturale la vitalité de l'art français à l'une de ses plus belles époques. Si les moines qui l'ont fondée et l'animaient dès le premier tiers du XIIe siècle ont disparu, ils nous ont, du moins, laissé un merveilleux témoignage de l'activité et de la force expansive de l'ordre religieux transformé par le génie de saint Bernard.

Conformément au plan très généralement adopté par la Constitution cistercienne, celui de l'abbaye de Fontenay forme un ensemble de corps de bâtiments groupés autour du cloître.

L'église, située au nord, occupe un côté tout entier. A l'orient, en prolongement du transept, nous trouvons la sacristie, la salle capitulaire, un magasin, un passage faisant communiquer le cloître avec les jardins et enfin une vaste salle de six travées. Au-dessus de ces différentes pièces, s'étendait le dortoir commun des moines, relié au transept de l'église par un escalier qui permettait aux religieux de se rendre commodément aux offices de nuit. La cellule de l'abbé se trouvait à l'extrémité méridionale du dortoir qu'il traversait et pouvait surveiller en allant au chœur. Au sud, les chauffoirs, puis le réfectoire construit perpendiculairement au cloître et aux cuisines. Les celliers et les magasins surmontés des dortoirs des convers, aujourd'hui démolis, constituaient, comme dans la plupart des autres abbayes, l'aile occidentale.

Ces différentes constructions sont réunies et mises en communication par le quadrilatère des galeries du cloître, entourant le préau où se trouvait le lavabo des religieux, en face de la porte du réfectoire. On ne saurait méconnaître, dans cette disposition, la conservation de la tradition classique du plan de la maison grecque et de la maison romaine, dont les divers appartements encadrent l'*atrium*.

Des bâtiments secondaires sont disséminés dans l'enceinte de l'abbaye : la forge et le moulin situés le long de la rivière pour utiliser sa force motrice, la conciergerie, l'hôtellerie des étrangers, la boulangerie, les communs, le colombier, l'infirmerie entièrement isolée au levant, et enfin l' « enfermerie » ou prison contiguë au réfectoire.

Toutes ces constructions sont figurées sur le plan, avec les parties restituées, indiquées par des teintes et des hachures.

On chercherait en vain à Fontenay la trace de l'oratoire primitif dédié à saint Paul. Il devait être fort petit et très simple, comme la première église de Cîteaux, qui avait été consacrée en 1106 et qui fut respectée dans les remaniements du monastère, jusqu'à la destruction de Cîteaux, sous la Révolution.

Dom Martène a visité cette petite église avec Dom Durand, au commencement du XVIIIe siècle; le savant bénédictin la décrit pieusement : « Elle était, dit-il, assez petite; je ne crois pas qu'elle ait plus de 15 pieds de largeur; la longueur est proportionnée; le chœur peut avoir 30 pieds. Elle est voûtée et fort jolie[1]. » C'est

Ph. L. B.

11. ÉTANG DE LA ROCHE. — FOND DE LA VALLÉE DE FONTENAY.

l'édicule à une seule nef qui est figuré sur le plan relevé en 1718 par Dom Prinstel, et qu'on trouvera reproduit plus loin d'après le dessin original. (Voir la lettre M du plan.)

Aucun monument ne rappelle sur la terre de France la première époque de l'histoire cistercienne. Fontenay, avec sa grande église et son ample monastère, représente la seconde période de cette histoire; elle en est le monument le plus complet et le plus pur, celui qui évoque pour nous la puissance d'un grand corps monastique et l'esprit d'un saint Bernard.

[1] Dom Martène, *Voyage littéraire de deux religieux bénédictins*, t. I, 1re partie, p. 223, Paris, 1717.

Ph. L. B.

12. ENTRÉE DES COMMUNS ET PORTERIE.

Arfis sc. Ph. L. Bénale

L'EGLISE

Ph. L. B.

13. Façade de l'église.

L'ARCHITECTURE

L'ÉGLISE

Édifiée en un très court espace de temps, de 1139 à 1147, l'église de Fontenay est d'une homogénéité parfaite et n'a rien perdu de son premier caractère, grâce à l'excellence de la construction et à la qualité des matériaux qui ont victorieusement résisté aux ravages des siècles.

Cette église est la plus ancienne des églises cisterciennes qui sont restées debout en France. Elle a été bâtie dans les dernières années de la vie de saint Bernard, au temps où l'Ordre, animé d'une vie nouvelle et d'une force irrésistible par un saint qui fut un grand homme, s'était répandu dans presque toute l'Europe. Dès le milieu du XIIe siècle, l'Ordre de Cîteaux comptait cinq cents maisons dispersées à travers la chrétienté. La seule abbaye de Clairvaux, dont l'abbé était saint Bernard, avait fondé, avant la mort du saint, plus de cent cinquante monastères. La discipline cistercienne commence à conquérir l'Allemagne en 1124, l'Angleterre en 1128, l'Italie en 1135, le Portugal en 1140, la Castille en 1131, l'Aragon vers 1150 et bientôt après la Suède. C'est pendant cette époque de rapide expansion que l'Ordre constitue en Bourgogne les formes de l'architecture que ses moines transportent de tous côtés.

L'église de Fontenay, régulièrement orientée du levant au couchant, a un dessin d'une austérité vraiment monastique, dont le plan est entièrement cerné par des lignes droites qui se rencontrent à angle droit. Ce plan, qui a la forme d'une croix latine, comprend une nef et deux bas côtés, un transept flanqué de quatre chapelles

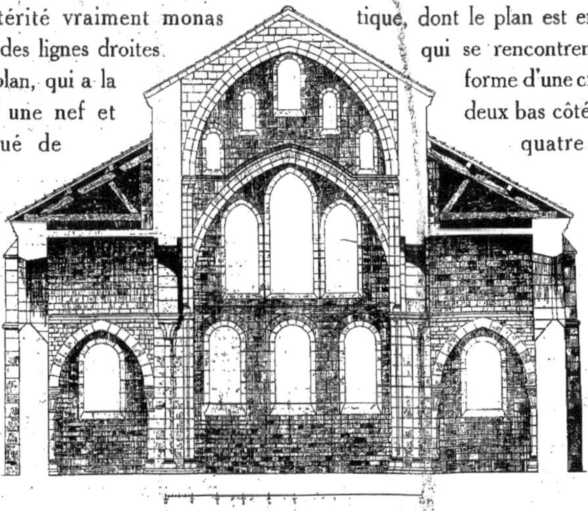

14. COUPE TRANSVERSALE DE L'ÉGLISE.

carrées du côté du levant et un chœur à chevet plat. C'est là le plan le plus cistercien : nous le retrouverons depuis la Scandinavie jusqu'à la Sicile.

Les dimensions principales de l'édifice sont : longueur totale dans œuvre, 66 mètres ; largeur de la nef, 8 mètres, avec les bas côtés, 19 mètres ; longueur du transept, 30 mètres ; hauteur de la nef, 26 mètres 70.

La nef, comprenant huit travées, est voûtée en berceau brisé, divisé et soutenu par des doubleaux qui portent sur des colonnes engagées. Ces colonnes reposent, au niveau de la naissance des arcades de la nef, sur des pilastres garnis de tores aux arêtes, et adossés aux piliers cruciformes. Les collatéraux, subdivisés à l'aplomb de chaque pilier par un arc en tiers-point et soutenant des voûtes en berceau brisé perpendiculaires à l'axe du vaisseau, forment une suite de chapelles communicantes. Cette disposition, qui se retrouve dans un bon nombre d'édifices de la Bourgogne au XIIe siècle et qui est très fréquente dans les églises

Ph. L. B.

15. INTÉRIEUR DE L'ÉGLISE.

cisterciennes primitives, était fort bien comprise pour résister à la poussée de la grande voûte[1]. La figure en perspective (fig. 16), dessinée par Viollet-le-Duc, fait

[1] On en retrouve des exemples identiques et voisins, à Châtillon-sur-Seine, dans l'église de l'abbaye Notre-Dame, aujourd'hui affectée au service de l'Hôtel-Dieu, et dans celle de Saint-Nicolas, toutes deux contemporaines de Fontenay. On peut citer, parmi les types les plus caractéristiques de cette disposition, en dehors de la région, l'église de l'ancienne abbaye de Silvanès (Aveyron), 1152, d'importation très franchement bourguignonne

16. STRUCTURE DES VOUTES TRANSVERSALES DES BAS CÔTÉS.
(Dessin de V.-l.-D., *Dict. d'Arch.*, t. I, p. 179.)

comprendre ce détail de construction. Il faut seulement observer que les arcs-boutants B, lancés du contrefort du mur extérieur à la naissance de la grande voûte, figurés entre les berceaux des bas côtés, n'ont jamais existé à Fontenay; la structure de l'édifice, parfaitement équilibrée, a pu s'en passer; le voûtement des bas côtés forme des contreforts très suffisants. Ce mode de construction ne permettant pas l'ouverture de fenêtres dans la nef, on a dû se contenter de percer les murs latéraux de baies en plein cintre éclairant les bas côtés. La nef reçoit une abondante lumière par les fenêtres de la façade, de l'abside et de l'avant-chœur.

Le transept est également voûté en berceau brisé, mais à un niveau très inférieur à celui de la croisée, dont la voûte se raccorde à celle de la nef.

Conformément à la tradition cistercienne, deux chapelles rectangulaires, voûtées en berceau brisé, éclairées par une fenêtre et communiquant entre elles par des arcs cintrés, s'ouvrent au levant dans chaque croisillon. L'arc en tiers-point, qui encadre ces chapelles, est dépourvu de moulures et repose sur de robustes piliers, auxquels sont adossées les colonnes engagées qui portent les doubleaux de la voûte du transept.

A l'extrémité du croisillon méridional contigu aux bâtiments conventuels, une porte communique avec la sacristie, et un escalier de pierre de vingt-quatre marches permettait aux religieux de descendre du dortoir à l'église dès que la cloche avait sonné matines.

Le chœur, de forme carrée, élevé de deux marches et largement éclairé par deux rangs de fenêtres, en triplet, ouvertes dans le chevet plat, est également voûté en berceau brisé, mais beau-

17. PISCINE DANS LE CHŒUR.
(D'après les relevés de M. Paul de Montgolfier.)

(cf. A. Angles, « l'Abbaye de Silvanès », *Bulletin Monumental*, nos 1-2, 1908); l'église de Bénévent-l'Abbaye (Creuse), l'église abbatiale de Saint-Pathus (Seine-et-Marne) (cf. Marcel Aubert, *Bulletin Monumental*, 1908, p. 120, etc.).

coup plus bas que la nef. Cette différence de hauteur est rachetée par un mur de fond, qui s'élève au-dessus de l'arc triomphal, et qui est percé de cinq baies

Ph. L. B.

18. Entrée du chœur et des chapelles du transept.

étagées. Dans l'angle méridional, on voit une piscine de forme rectangulaire, prise dans l'épaisseur du mur. Au XIIIe siècle, elle fut décorée d'un encadrement mouluré et de légères colonnettes à chapiteaux feuillagés portant sur une corniche dont les débris viennent d'être retrouvés (fig. 17).

La façade, d'une grande simplicité, n'est coupée que par deux contreforts répondant aux piliers de la nef ; elle n'a qu'un portail surmonté d'une archivolte à trois boudins, bordés de baguettes et reposant sur deux colonnes. La partie supérieure est ajourée de sept fenêtres (nombre peut-être symbolique) disposées sur deux rangs.

Les piliers, sur plan cruciforme, sont formés d'un massif carré cantonné de deux colonnes engagées et de deux pilastres répondant aux arcs des travées, aux doubleaux de la grande voûte et à ceux qui divisent les bas côtés. Les chapiteaux, conformément aux ordonnances de saint Bernard, sont à peu près dénués de sculptures et ne montrent, dans la nef, que des feuilles pleines, lancéolées, à très faible relief, exactement appliquées à la corbeille en forme de tronc de pyramide renversé. Seuls quelques chapiteaux, supportant les arcs de séparation des bas côtés, sont ornés de rubans en forme de demi-ronds enlacés formant guirlande (fig. 19) ; les bases des colonnes et les pilastres, composés de deux tores séparés par une scotie, reposent sur un socle avec plinthe. L'appareil est formé de moellons dans les pleins des murs et de pierre de taille blanche dans les piliers, arcs, pieds-droits, contreforts et chaînages.

Nous avons vu les bas côtés sectionnés par autant de voûtes que de travées, formant ainsi seize chapelles, dont M. l'abbé Corbolin énumère quelques vocables [1]. « La première, du côté de l'Épître, était dédiée à saint Jean, patron secondaire de l'abbaye ; la seconde, des ducs de Bourgogne, où furent inhumés un jeune duc, sa tante Jeanne de Bourgogne, sœur de Philippe de Rouvres, décédée au château de Villaines-en-Duesmois, et Jeanne de Bourgogne, femme d'Eudes IV ; la troisième, du Saint-Sépulcre, dont l'autel, représentant la sépulture du Christ, est à la chapelle du Petit-Jailly. » Dans la cinquième, une inscription peinte sur la paroi méridionale rappelle que la chapelle était dédiée aux saintes Pétronille, Hélène, et à la bienheureuse Aleth, mère de saint Bernard.

La première, du côté de l'Evangile, avait été bâtie par les Darcey, qui y avaient choisi leur sépulture ; la suivante est celle de Tous les Saints.

Les Autels. — Les autels de l'église de Fontenay ont disparu, comme tout le reste du mobilier. Cependant, on doit admettre qu'ils étaient d'une nudité toute monastique, simplement composés de dalles supportées par des piliers ou

[1] J.-B. Corbolin, ouvrage cité, p. 21.

ABBAYE DE FONTENAY

Ph. L. Bégule.

ENTRÉE DU CHŒUR — TRANSEPT DE L'ÉGLISE — NEF ET BAS COTÉ

des colonnes trapues, semblables à ceux que l'on voit encore dans les absides des abbayes provençales du Thoronet, de Sénanque et de Silvacane.

Indépendamment des autels qui se trouvaient dans les chapelles du transept et des bas côtés, d'autres devaient être adossés aux piliers, comme à Cîteaux et à Clairvaux, conformément à la pratique cistercienne qui assignait à chaque religieux prêtre un autel spécial pour dire la messe. « C'était là un reste de l'ancienne discipline qui ne permettait pas de dire, en un même jour, deux messes sur un même autel[1]. »

Ph. L. B.

19. Bas côté septentrional.

Les Stalles. — Les stalles du moyen âge, qui ne purent résister au vandalisme ou à l'humidité qui obligea, en 1746, les religieux à relever le sol de l'église de près d'un mètre, furent refaites à cette époque. Ces dernières stalles, sans intérêt artistique, furent vendues en 1790, avec un banc abbatial de la fin du XVIe siècle, et sont actuellement utilisées dans l'église de Montbard.

Le Porche. — Les églises clunisiennes étaient habituellement précédées de narthex ou de porches aux proportions souvent considérables, tels ceux de Vézelay, de la Charité-sur-Loire, de Cluny, etc. L'ordre de Cîteaux adopta également l'usage des porches, mais ceux-ci furent bas et peu profonds, comme celui de Pontigny, comme les porches détruits de Cîteaux, de Clairvaux, de Morimond, de l'abbatiale anglaise de Fountains, etc.

Celui de Fontenay est aujourd'hui démoli, mais on en retrouve aisément les amorces, et des fouilles, pratiquées en avant de la façade, ont mis les fonda-

[1] Dom Martène, ouvrage cité.

tions à découvert. De plus, un dessin du XVIIIe siècle, conservé à la Bibliothèque Nationale (coll. Bourgogne, t. II) permet d'en présenter une fidèle reconstitution (fig. 20).

Ce porche, appuyé contre la façade, était recouvert d'un toit prenant naissance au-dessous des quatre fenêtres inférieures et s'étendait sur toute la largeur de l'église ; la sablière étant soutenue par des corbeaux encore en place. Sa façade, surmontée d'une corniche portée par des corbeaux, était largement éclairée par des ouvertures cintrées répondant à la nef et aux bas côtés. C'est dans le porche et les premières travées de la nef que se

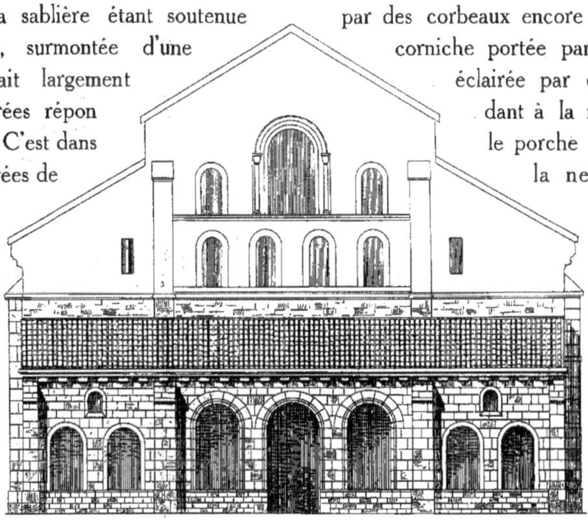

L. B. del.

20. RECONSTITUTION DU PORCHE DE L'ÉGLISE.

tenaient les serviteurs et les étrangers, tandis que le reste de la nef était réservé aux frères convers et le chœur aux religieux.

LA TOITURE. — La toiture principale de l'église ne comporte pas de charpente. Au-dessus de la voûte de la nef, un blocage s'étend sur toute la longueur de l'édifice et il est recouvert lui-même d'un appareil de pierre sur lequel reposent les tuiles (fig. 14) : ces tuiles sont encore, pour la plupart, celles de l'origine de la construction, fabriquées avec une admirable perfection et très probablement dans l'abbaye même. La Bourgogne a toujours été le pays de la tuile, et celles de Fontenay ont merveilleusement résisté à l'action du temps. Un crochet de terre, soudé à l'intérieur de la tuile, la fixait aux fourrures d'arête des charpentes des bas côtés, tandis qu'un autre crochet, en forme de bec, adhérent au dos, empêchait tout glissement, les rendant solidaires les unes des autres.

Les tuiles faîtières de la nef, d'une grande dimension et recouvrant l'arête de deux pentes, sont ornées d'une série de redans, en forme de crête, se découpant sur le ciel.

Les Portes. — Les vantaux de la porte de la façade, de même que ceux de la porte latérale, au midi, étaient de bois, armés de longues pentures de fer essentiellement décoratives, mais qui avaient aussi pour but d'empêcher la dislocation des joints sous l'action de la chaleur. Les anciens vantaux existaient encore ces dernières années, portant la trace très visible des ferrures.

Il fut donc facile de reconstituer vantaux et pentures qui sont aujourd'hui la reproduction rigoureuse des anciens.

Ph. L. B.

21. Portail de l'église.

Le Clocher. — Les clochers fastueux, si en faveur chez les Clunisiens, ne pouvaient convenir à l'austérité de la règle de Cîteaux ; dès 1157, le Chapitre interdisait les clochers d'une certaine élévation. C'est pourquoi nous ne voyons à Fontenay qu'un très modeste campanile pour deux cloches superposées, au-dessus du dortoir, à l'extrémité du bras de croix méridional de l'église ; un écusson sans pièces héraldiques, avec la crosse abbatiale en pal, est sculpté sur la face méridionale de l'édicule.

Pourtant au XVIIIe siècle, l'abbaye, oublieuse des antiques traditions, devait avoir un autre clocher, probablement un beffroi en charpente, situé en dehors de l'édifice.

Nous voyons, en effet, au mois d'octobre 1791, lors de la vente des biens mobiliers de Fontenay, que « les quatre cloches, pesant, la première 2.163 livres, la deuxième 1.500, la troisième 860, la quatrième 685, furent emmenées au district à Semur pour en faire des canons ou du billon[1] ».

La clôture du Chœur. — Les églises des monastères recevaient de nombreux étrangers, des pèlerins et fidèles, souvent même des réfugiés auxquels une partie de la nef était affectée. Il était donc nécessaire de clore la partie de l'édifice

Ph. L. B.

22. Chevet de l'église.

réservée aux religieux. C'était une coutume en usage dans toutes les églises abbatiales aussi bien que cathédrales.

La clôture en claire-voie de Fontenay s'élevait entre la nef et la croisée du transept en forme de jubé, et les traces en sont encore visibles sur les deux premiers piliers. Les débris qui sont conservés, et qui accusent le style du milieu du XIIIe siècle, témoignent de sa somptuosité et contrastent singulièrement avec la simplicité primitive de l'église. Ils consistent principalement en une série de neuf départs d'arcades, aux profils aussi élégants que multipliés, en chapiteaux, crochets et fleurons composés de feuilles d'érable et de chêne.

[1] J.-B. Corbolin, ouvrage cité, p. 116.

ABBAYE DE FONTENAY

Ph. L. Bégule.

LE CLOITRE ET L'ÉGLISE

LE CLOITRE

Ph. L. B.

23. PILIER DE L'ANGLE SUD-OUEST DU CLOITRE.

Les Cisterciens, au moment où l'Ordre naissant élevait de nombreux monastères dans toute l'Europe, adoptèrent pour la construction de leurs cloîtres un caractère architectural très particulier, remarquable par son aspect sobre et sévère. Ceux des abbayes mères, Cîteaux et Clairvaux, n'existent plus. En revanche, celui de Fontenay, qui est à peu près contemporain, peut être considéré comme un prototype.

On a cru pouvoir assigner au cloître de Fontenay une date un peu antérieure à celle de l'église. Cela ne semble pas ressortir de l'examen des constructions, attendu que les deux édifices présentent exactement les mêmes caractères et semblent avoir été élevés en même temps et sous la même direction.

La construction des voûtes en berceau brisé, dépourvues de croisées d'ogives, les profils, les moulures, les détails des chapiteaux sont identiques. En outre, la galerie du cloître s'appuie normalement à la face méridionale de l'église, sans présenter ni collages ni reprises. Tout au plus pourrait-on objecter que la porte qui met en communication la première travée du bas côté de l'église avec le cloître n'est pas dans l'axe de la galerie orientale. Nous verrions là une nécessité d'ordre pratique, dans le but de ménager à l'intérieur de l'église la place de l'autel dans la travée correspondante du bas côté, qui formait une des nombreuses chapelles desservies par le même religieux, officiant toujours au même autel. De plus, il semble difficile d'attribuer, comme on l'a fait, les premiers travaux du cloître à l'abbé Godefroy, qui ne prit possession qu'en 1130 du territoire de Fontenay, où il fallait avant tout procéder à de très importants travaux d'assèchement, et, en 1132, il se retirait à Clairvaux.

Formé de quatre galeries, sans étage supérieur, le cloître présente un rectangle de 36 mètres sur 38, entourant le préau, au centre duquel devait s'élever une grande croix.

Chaque galerie, construite en matériaux de grande dimension et de qualité admirable, comprend huit travées constituées par une archivolte sans moulures, légèrement surbaissée, bandée entre deux robustes contreforts et soutenant la corniche. Au-dessous de chaque archivolte, deux arcs plus petits et en retrait, portés par des colonnettes accouplées et reposant sur un bahut, supportent un tympan plein. Sur chaque galerie, des archivoltes ornées de moulures, mais sans tympans ni bahuts, forment des portes ouvrant sur le préau. Elles sont doubles sur la galerie parallèle à l'église et sur celle du sud vis-à-vis de l'entrée

Ph. L. B.

24. Angle de la galerie méridionale et de la galerie orientale du cloitre.

Ph. L. B.

25. ANGLE NORD DE LA GALERIE ORIENTALE DU CLOITRE.

du réfectoire. Aux quatre angles, de robustes et élégants piliers sont constitués par un pilastre central monolithe encadré par les colonnettes jumelées des petites arcades.

La forme des voûtes des galeries, construites en moellons recouverts d'un enduit, est celle de la voûte romaine en berceau brisé pénétré de petits berceaux correspondant aux archivoltes.

Tout en conservant une grande unité, les quatre galeries montrent certaines différences de construction, principalement dans la façon dont les voûtes sont appuyées au mur extérieur. Au nord, le sommier des voûtes repose sur une large corniche coupée par les contreforts de l'église et qui se prolonge en retour dans les premières travées de la galerie orientale. Au midi, les pénétrations retombent sur les chapiteaux d'une série de colonnes appliquées à la paroi, et, à l'occident, les pénétrations portent sur des arcs formerets en plein cintre qui reposent sur des pilastres engagés au-dessus d'une banquette. A la galerie septentrionale, les contreforts, au lieu de descendre jusqu'au sol, reposent sur des colonnettes adossées à l'extérieur des piles. Il est à regretter que cette très élégante disposition ne règne pas sur les autres faces.

On peut observer une certaine variété dans le groupement des colonnettes qui composent les piliers. Il semble aussi que les constructeurs aient pris plaisir à surmonter de véritables difficultés techniques. C'est ainsi qu'un grand nombre de colonnettes jumelées sont prises dans la même assise : embases, bases, fûts, chapiteaux et leurs abaques. On peut même constater des groupements de quatre colonnettes sur plan cruciforme flanquant une colonne centrale ou un pilier rectangulaire taillés dans le même bloc, ce qui donne à la bâtisse un grand air de puissance.

Les chapiteaux sont garnis sur les angles de simples feuilles d'eau lancéolées, que les Cisterciens habitant des vallées marécageuses semblent affectionner : leur côte centrale est à peine indiquée par une légère saillie ou une cannelure.

Ces feuilles plates, exactement appliquées à la corbeille, se recourbent aux extrémités, supportant, comme à Pontigny, à Noirlac, à Fountains, etc., les angles du tailloir. Seuls, les chapiteaux de quelques pilastres d'angle montrent

Ph. L. B.

26. Galerie méridionale du cloitre.
Entrée du réfectoire.

ABBAYE DE FONTENAY

Arlin sc.

Ph. L. Bégule.

LE CLOITRE (ANGLE NORD-OUEST).

des enlacements de rubans en demi-cercle, conformément à ceux que nous avons rencontrés dans l'église. Les bases, de forme classique, composées de la scotie entre deux tores accompagnés de listels, mais sans griffes, reposent sur le bahut par l'intermédiaire d'un socle rectangulaire.

Ph. L. B.

27. Pilier de la galerie méridionale a l'entrée du lavabo.

Quelques traces de peintures encore visibles, notamment dans la galerie ouest, paraissent remonter au milieu du XVIe siècle.

Le cloître de Fontenay, qui est l'une des parties les plus impressionnantes de l'abbaye, n'a subi aucune mutilation.

C'est un type accompli de cette architecture d'aspect sévère et solennel, d'une simplicité toute monacale, dépourvue d'ornementation surperflue, et rigoureusement conforme à la règle de Cîteaux, particulièrement observée en Bourgogne. Il contraste avec l'extrême richesse de sculpture de tant de cloîtres du XIIe siècle, de l'ordre de Cluny, en particulier, répandus dans toute la France. Mais, dès le XIIIe siècle, lorsque la règle de Cîteaux se relâchera, nous verrons bientôt, comme à Sénanque, à Font-froide, à Noirlac, le décor sculpté prendre plus d'importance et s'étaler avec une certaine richesse.

Le cloître était le centre de la vie du monastère et offrait toujours une certaine animation, principalement dans les jours où le mauvais temps empêchait les religieux de se rendre au travail des champs. Pendant les heures consacrées au repos et surtout après le repas du milieu du jour, les moines s'y promenaient gravement en silence ou restaient assis immobiles sur les bahuts, plongés en de profondes méditations. Dans le cloître, se déroulaient les processions, précédées de la croix ; les religieux s'avançaient sur deux rangs, enveloppés dans l'ample coule de chœur, suivis par les frères convers; l'abbé, la crosse en main, escorté du prieur et du cellerier, ou économe, fermait la marche. Souvent s'y joignaient des visiteurs de marque, seigneurs et chevaliers venant assister à la sépulture de quelques-uns des leurs, qui sollicitaient comme une faveur insigne de reposer dans l'abbaye et de bénéficier des prières des religieux.

Ph. L. B.

28. L' « ARMARIUM CLAUSTRI ».

L'ARMARIUM CLAUSTRI. — Toute abbaye devait avoir sa bibliothèque pour recevoir les ouvrages mis à la disposition des moines pendant le temps laissé libre à la lecture, sous les galeries du cloître. Les manuscrits étaient renfermés dans ce que la « coutume » de Cluny du XIe siècle et les textes cisterciens nommaient l'*armarium claustri*, l'armoire[1].

Lors des travaux de consolidation de l'aile orientale du cloître, en 1911, on découvrit, à proximité de la porte communiquant avec l'église, l'armoire

[1] D'Arbois de Jubainville, *Etude sur l'état intérieur des abbayes cisterciennes*, 1858, p. 60.

dans laquelle les religieux déposaient leurs volumes avant de se rendre aux offices (fig. 28).

Cette armoire, prise dans l'épaisseur de la muraille et qui avait été murée, était garnie de rayons dont les rainures sont encore intactes. Elle était fermée par des volets montés sur gonds[1].

Ph. L. B.

29. Galerie occidentale du cloître.

Le Lavabo. — Si les religieux étaient astreints à un régime d'une extrême austérité, la propreté était aussi de règle. Avant d'entrer au réfectoire et en en sortant, ainsi qu'au retour des champs, avant d'aller à l'église, ils devaient, conformément à la règle, procéder à des ablutions manuelles. A cet effet, le monastère possédait un lavabo couvert, *lavatorium*, parfois placé sous les galeries du cloître, mais le plus souvent dans le préau, soit dans un angle, soit dans

[1] Parmi les armoires de monastère les mieux conservées, il faut citer le groupe de trois niches avec rayons de pierre de l'abbaye de Bosquem (Côtes-du-Nord), XIIIe siècle. Cf. Enlart, *Manuel d'Archéologie*, II, 27.

une sorte d'annexe tenant à la galerie qui longe le réfectoire. Tel est celui du Thoronet (Var), qui est en France l'un des mieux conservés [1] (fig. 31).

Fontenay avait le sien situé dans le préau, en face de l'entrée du réfectoire, comme en témoignent les arrachements des arcs formerets des voûtes encore visibles à l'angle des contreforts de la galerie. On aurait peut-être pu contester l'existence de cet édicule, attendu que le mur de la galerie ne présente aucune

Ph. L. H.

30. Galerie méridionale du cloitre. — Entrée du lavabo.

trace de démolition. Mais en examinant soigneusement la corniche, on a pu constater que, dans la partie correspondante, la pierre est « bouchardée » et non « layée » comme dans les parties anciennes, preuve manifeste d'une réfection ; en outre, des fouilles récentes ont mis à jour toutes les fondations. La reconstitution que Viollet-le-Duc en a faite est non seulement ingénieuse dans ses détails, mais certainement exacte en son ensemble (fig. 33).

Cet édicule sur plan carré, soutenu par des arcades conformes à celles des galeries du cloître, formait deux travées dans chaque sens, couvertes de quatre

[1] En Italie, il faut citer surtout ceux de Fossanova et de Montreal ; en Espagne, ceux de Poblet (Catalogne), de Santas-Creus, province de Tarragone, de Rueda, province de Saragosse ; en Allemagne celui de Maulbronn (Wurtemberg), etc.

Arlin sc.

Ph. L. Bégule.

LE CLOITRE (TRAVÉE MÉRIDIONALE).

voûtes d'arêtes dont les sommiers reposaient sur une colonne centrale passant au travers d'une vasque circulaire. Cette vasque, alimentée par un conduit, laissait échapper l'eau par de nombreuses tubulures percées sur son pourtour, permettant ainsi à un grand nombre de religieux de se laver en même temps; l'eau retombait dans un bassin inférieur. Le conduit servant à l'évacuation des eaux existe encore et correspond exactement à l'emplacement de la fontaine d'ablutions ; il se déverse dans un canal de décharge passant sous la grande salle et le réfectoire.

Ph. L. B.

31. LAVABO DE L'ABBAYE DU THORONET.

La vasque de Fontenay a disparu, mais parmi toutes celles qui subsistent encore[1], il en est deux peu connues qui montrent ce que pouvait être celle de notre abbaye. Ce sont celles de Pontigny, qui sont conservées dans le jardin de l'abbaye par le propriétaire actuel, M. P. Desjardins.

De forme circulaire et très aplatie, elles sont monolithes et ont plus de trois mètres de diamètre, rappelant d'assez près, par leurs profils, celle de Saint-Denis. A chacune d'elles, trente religieux pouvaient simultanément faire leurs ablutions à autant de tubulures pratiquées autour de leurs bords dénués de toute ornementation (fig. 32). L'une d'elles repose sur une robuste colonne; la seconde semble avoir eu pour support quatre colonnettes, comme dans l'état actuel.

Ph. L. B.

32. VASQUE DE L'ABBAYE DE PONTIGNY.

Il est assez difficile de préciser la situation que devait occuper la seconde de ces vasques, attendu que l'abbaye de Pontigny, étant essentiellement agricole, ne possédait pas, comme Clairvaux, un autre lavabo dans un petit cloître réservé aux travaux littéraires. On en

[1] On peut citer celles de Fontfroide, XIIe siècle (Musée de Carcassonne); de Daoulas, XIIe (Finistère); de l'abbaye de Poblet, XIIe (Catalogne) ; de l'abbaye de Saint-Denis, XIIIe (cour de l'Ecole des Beaux-Arts de Paris), etc.

juge par le plan de 1760. C'est l'une des vasques de Pontigny qui a été fidèlement copiée pour servir de modèle à la fontaine qui s'élève au milieu des jardins de Fontenay.

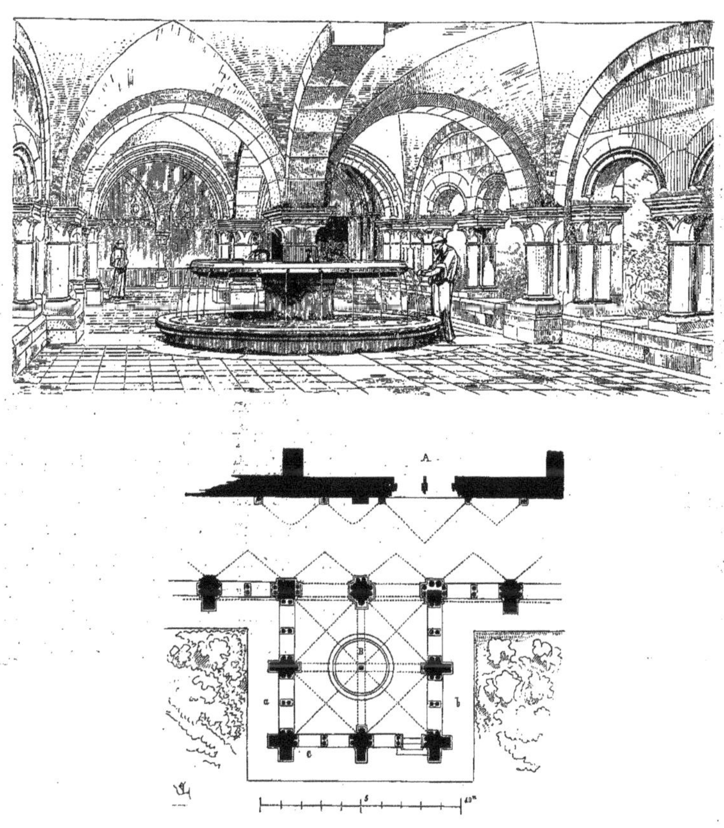

33. PLAN ET PERSPECTIVE DU LAVABO DE FONTENAY.

On suppose la partie antérieure de l'édicule enlevée. Au fond, on reconnaît la galerie et la porte du réfectoire (A, plan). (Dessin de Viollet-le-Duc, *Dictionnaire de l'Architecture Française*, I-VI, p. 173.)

SALLE CAPITULAIRE

DANS toute abbaye, la partie la plus importante, après l'église, était la salle capitulaire. C'est là, que chaque jour, sous la présidence de l'abbé, dont la chaire

Ph. L. B.

34. ENSEMBLE DE LA SALLE CAPITULAIRE.

se dressait au milieu de la paroi orientale, en face de la porte d'entrée, les religieux se réunissaient, rangés sur les bancs de pierre, autour de la salle, pour tenir chapitre et délibérer au sujet des affaires de la communauté. Après la lecture de quelques articles de la règle, pour que nul ne pût alléguer l'ignorance du règlement auquel il devait strictement se conformer, la réunion se continuait par la « coulpe » ou confession publique des moines qui s'accusaient à haute voix de leurs fautes, souvent punies à l'instant même de la discipline que le coupable recevait de la main d'un frère. C'était le sanctuaire de la règle. Au Chapitre se donnaient les instructions de la journée ; on y faisait également part des décès survenus dans les autres monastères par la lecture des lettres connues alors sous le nom de « Rouleaux des Morts [1] ». La salle capitulaire donnait à la communauté sa forme et son esprit. On ne doit donc pas être surpris du soin apporté à la construction ni des vastes proportions de celle de Fontenay.

Ph. L. B.

35. Salle capitulaire, côté méridional.

Elle s'ouvre, par une grande arcade cintrée, sur la galerie orientale du cloître. Les quatre boudins de l'archivolte s'appuient sur autant de colonnettes dont les chapiteaux et les bases sont identiques à ceux des galeries. De chaque côté de la porte une double baie à plein cintre, flanquée de colonnettes, met la salle en pleine communication avec le cloître, les assemblées capitulaires étant toujours publiques (fig. 36). Cette disposition est constante dans les abbayes de l'Ordre,

[1] *Usus antiquiores ord. cister.*, cap. XX.

Arlin sc. Ph. L. Bégule.

SALLE CAPITULAIRE

comme à Noirac, à Sénanque, au Thoronet, à Fontfroide, etc., où l'on ne saurait constater des scellements destinés à fixer des clôtures ou des vitraux.

Primitivement, cette salle comprenait trois travées dont les voûtes sur croisée d'ogive, divisées par des arcs doubleaux, retombaient sur quatre faisceaux de colonnettes entourant un noyau central. La travée orientale a été démolie, peut-être lors de l'incendie de 1490 [1], mais on voit distinctement les deux piliers engagés

Ph. L. B.

36. Entrée de la salle capitulaire.

dans le mur extérieur percé de trois baies ouvrant sur le jardin. Contre les parois, des faisceaux de trois colonnettes répondent aux arcs d'ogive, aux doubleaux et aux formerets.

Des congés cintrés amortissent la naissance des arcs sur les tailloirs qui forment un octogone aux piles centrales. Les chapiteaux très simples sont ornés de feuilles lancéolées et nervées sur les bords.

[1] J.-B. Corbolin, ouvrage cité, p. 17.

Deux travées de construction semblable, mais à deux voûtes seulement et situées latéralement, forment deux petites salles annexes, dont l'une, qui s'ouvre par deux portes sur le transept de l'église, devait servir de sacristie, *sacratorium*, en même temps que de salle du trésor et des reliques. La seconde, à droite, était le petit parloir des moines exactement disposé comme sur le plan de Clairvaux, ou peut-être un simple magasin.

GRANDE SALLE

Ph. L. B.

37. GRANDE SALLE[1].

A la suite de la salle capitulaire, du petit parloir et d'un passage faisant communiquer le cloître avec les jardins, se développe une longue salle de trente mètres, recouverte de douze voûtes d'ogives formant six travées et deux nefs.

Sa construction rappelle celle de la salle du chapitre, mais avec moins d'élégance, et doit être de la même époque; cependant, l'aspect en est plus sévère et plus puissant.

Dans l'axe de la salle, quatre grosses colonnes trapues et un pilier octogone, au centre, reçoivent la retombée des arcs d'ogives et des doubleaux qui soutiennent les voûtes et reposent contre les murs sur des consoles, en forme

[1] Détail d'une colonne centrale recevant la retombée des arcs. Les congés sont ornés de fleurs de lis de forme archaïque.

de pyramide renversée et terminées par un bouton : c'est une forme très fréquente en Bourgogne.

Les ogives, formées d'un gros tore accompagné de deux cavets, sont amorties à leur base par des congés cintrés ornés de filets et parfois de fleurs de lis stylisées. C'est l'un des exemples les plus anciens de la fleur de lis adaptée à

Ph. L. B.

38. GRANDE SALLE.

l'ornementation (fig. 37). Les arcs doubleaux sont dépourvus de moulures. Il est à observer que, pour contre-buter plus efficacement la poussée des voûtes, le niveau des consoles qui supportent les doubleaux, les arcs d'ogives et les formerets le long des murs, est sensiblement plus élevé que celui des chapiteaux des piliers. Seuls, les chapiteaux des quatre colonnes cylindriques présentent un décor sculpté très rudimentaire, formé par une couronne de feuilles lancéolées étroites et nervées.

Quelle pouvait être la destination de cette salle ? On a voulu y reconnaître le cellier ou magasin aux provisions ? Il nous semble difficile d'admettre cette attribution et de voir d'aussi vastes magasins, comportant un mouvement considérable d'entrée et de sortie de denrées et de comestibles de toute nature, dans le voisinage presque immédiat de la salle capitulaire. Dans les abbayes cisterciennes et bénédictines, c'était un usage à peu près constant de placer le cellier perpendiculairement à l'église, à l'ouest du cloître, et en dehors des locaux réservés aux religieux, comme à Clairvaux, Noirlac, Vaucler (Aisne), Saint-Lô (Manche), Pontigny, Fossanova, Fountains, etc. Nous verrions, bien plus volontiers, les religieux et les frères convers occupés dans cette vaste salle les jours de mauvais temps à des travaux manuels, d'autant que le chauffoir se trouve à proximité. Etait-ce encore le grand parloir *(parlatorium)*, lorsque l'abbé accordait occasionnellement à ses religieux l'autorisation de rompre le silence [1] ?

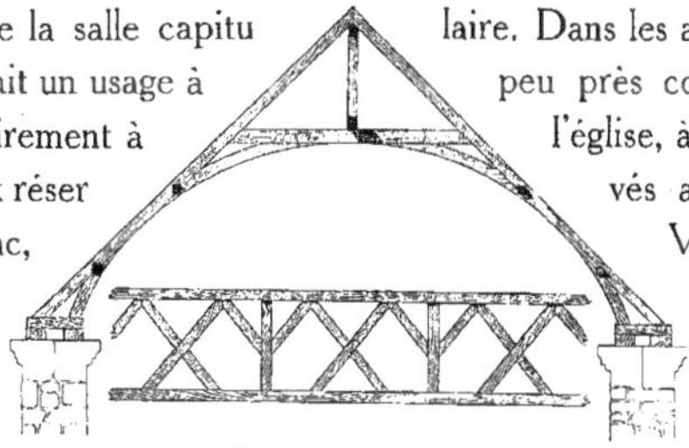

39. CHARPENTE DU DORTOIR.
(XVIe siècle.)

LE DORTOIR

La règle de saint Bernard (ch. XXII) ordonnait aux religieux de coucher dans un dortoir commun, sans feu, sur des paillasses déposées sur le sol, et non dans des cellules, comme d'autres ordres le permettaient. Seules, de simples cloisons basses, alignées sur deux rangs, avec un couloir central facilitant la surveillance, les séparaient les uns des autres. Les moines dormaient tout habillés, prêts à se rendre à l'église, au premier signal, pour l'office de nuit, par l'escalier qui existe encore et descend dans le bras de croix méridional. Le dortoir des religieux de Fontenay occupait, au-dessus de la salle capitulaire et de la grande salle, toute la longueur du bâtiment oriental, sans murs de refend. Il était éclairé au couchant par quatorze baies étroites et cintrées qui viennent d'être retrouvées sous l'enduit et remises à jour. Trois grands arcs, récemment découverts sous le crépissage du mur oriental, montrent que le dortoir se prolongeait au-dessus de la

[1] *In claustris etiam certis horis dabatur copia fratribus invicem confabulandi* (Ducange, *Claustrum*).

travée de la salle capitulaire, aujourd'hui démolie, formant une sorte d'annexe, peut-être réservée au prieur ou à d'autres dignitaires.

Actuellement, le dortoir, divisé par un plancher dans le milieu de sa hauteur, est recouvert d'une magnifique charpente de bois de châtaignier d'une parfaite conservation (fig. 39) ; elle ne date que de la seconde moitié du XVe siècle, époque où elle dut remplacer l'ancienne voûte, détruite par un incendie, au temps du vingt-neuvième abbé de Fontenay, Jean Frouard de Courcelles (1459-1492).

A l'extrémité méridionale du dortoir se trouvait la cellule de l'abbé qui, seul, avait le privilège d'habiter isolément. Des latrines étaient contiguës au dortoir : on en a retrouvé les conduites qui aboutissaient au canal de dérivation de la rivière qui passe sous la grande salle. La même disposition se retrouve exactement à l'abbaye anglaise de Fountains et dans beaucoup d'autres.

LE CHAUFFOIR

A l'angle sud-est du cloître, on pénètre dans une pièce de proportions modestes, recouverte de deux voûtes d'ogives refaites après coup et qui portent

Ph. L. B.

40. PETIT CHAUFFOIR.

très gauchement sur des culots et sur un chapiteau rapporté sur la corniche d'un

41. Cheminées du chauffoir de Fontenay.

pilier (fig. 40). Cette salle passe pour avoir été le chauffoir, *calefactorium*. On constate, en effet, dans l'épaisseur du mur occidental, la présence de deux gaines de cheminées aboutissant à une mitre en pierre qui s'élève sur le toit et porte deux tuyaux cylindriques couronnés d'un lanternon ajouré[1] (fig. 41).

Le chauffoir était le seul endroit où la règle tolérât du feu en dehors de la cuisine. Dans cette salle, les religieux, pendant l'hiver, passaient le temps qu'ils ne consacraient pas à la prière à l'église et aux travaux extérieurs. Là encore, après l'office du matin, les moines allaient graisser leurs sandales pour se rendre aux occupations de la journée. Le chauffoir se trouvait généralement à côté de l'escalier du dortoir dans les monastères cisterciens. En effet, deux arcs en plein cintre, retombant sur un pilier carré et trapu, forment deux retraits, dans l'un desquels débouche un escalier qui conduisait à l'ancien dortoir des religieux et donne accès actuellement à l'étage supérieur du bâtiment méridional, transformé en appartement au XIXe siècle. Cette pièce, fort exiguë, n'aurait pu recevoir qu'un très petit nombre de religieux. Un chauffoir plus vaste, chauffé par l'une des deux cheminées, devait s'étendre à la suite, parallèlement au cloître, jusqu'au réfectoire. Les portes de cette pièce, dont l'une est surmontée d'un linteau orné d'un arc trilobé,

42. Cheminées du chauffoir de Noirlac.

[1] Les têtes de cheminées du XIIe siècle sont assez rares en France pour qu'il soit intéressant de rapprocher de celles de Fontenay celles de la même époque qui se voient encore dans l'abbaye de Noirlac. Le foyer de la vaste cheminée du chauffoir de Sénanque, situé au-dessous du dortoir, est sur un plan demi-circulaire, surmonté d'un manteau conique, dont la gaine se termine au-dessus du toit par un large tuyau cylindrique percé de meurtrières et couronné par une pyramide fleuronnée.

se voient encore sous la salle pouvait être réservée rieur, comme ceux des de bibliothèque. Dom Mar fit à Fontenay au commen gnale, parmi les restes de un grand nombre de ma Pères de l'Eglise, pour la

Un petit chauffoir nexé à l'infirmerie et le vait être exceptionnellement ou même par une sorte de cellule de saint Bernard vie. Au-dessous de son lit, une pierre percée de trous d'une sorte d'hypocauste

43. Cheminée du chauffoir de Sénanque.
(D'après H. Révoil, *Architecture romane du midi de la France.*)

galerie du cloître. Cette à certains travaux d'inté- scribes ; elle a pu servir tène, lors de la visite qu'il cement du XVIIIe siècle, si- son ancienne splendeur, nuscrits des œuvres des plupart [1].

devait être également an- logement de l'Abbé pou- réchauffé par une cheminée, brasero, comme l'était la les derniers temps de sa au dire de Dom Martène, laissait passer la chaleur construit à l'étage inférieur.

LE RÉFECTOIRE

Dans les abbayes cisterciennes, le réfectoire était généralement situé à l'opposé de l'église et perpendiculairement à la galerie du cloître, avec laquelle il communiquait. Celui de Fontenay ne manquait pas à la règle.

Si cette importante construction a disparu en grande partie, il a été facile de la reconstituer à l'aide des fondations récemment découvertes et aussi par la face intérieure de l'une des travées (fig. 45), qui subsiste et forme actuellement le mur occidental du bâtiment connu sous la désignation d'« Enfermerie ».

Ce réfectoire, dont nous donnons le plan, fut édifié au XIIIe siècle et a dû remplacer une construction de même destination, mais de moindres proportions, contemporaine de l'origine de l'abbaye, qui ne tarda pas à devenir insuffisante. Il fut démoli vers 1745.

Il était divisé, dans le sens longitudinal, par une rangée de cinq faisceaux

[1] Dom Martène, ouvrage cité, I, 150.

de huit colonnettes, formant deux nefs, et recevant les retombées de douze voûtes sur croisées d'ogives[1] ; un important tronçon de ces piliers, ainsi que la base sur laquelle il reposait, est conservé parmi les débris de sculpture réunis dans l'église.

Quatre longues fenêtres en tiers-point et superposées s'ouvraient dans chaque travée, répandant dans le réfectoire une abondante lumière. Celles de l'étage supérieur étaient encadrées d'une archivolte formée par un tore et un cavet et reposant sur d'élégants chapiteaux à crochets feuillagés, qui couronnaient de hautes et minces colonnettes engagées. Quatre fenêtres semblables s'ouvraient également dans le mur du pignon sud. Au-dessous des fenêtres hautes, un bandeau régnait sur toute la longueur des parois, supporté, entre les fenêtres basses, par des colonnettes surmontées de chapiteaux à feuillages lancéolés. Ces colonnettes, alternativement simples ou groupées par faisceaux de trois, à l'aplomb des retombées des arcs d'ogives des voûtes, s'arrêtent à deux mètres du sol et sont amorties par des culots coniques dont l'extrémité semble rentrer dans la muraille. Ce détail de construction, très fréquent en Bourgogne et, en particulier, à Saint-Bénigne de Dijon, au déambulatoire de Pontigny, etc., a été souvent exporté par les cisterciens dans d'autres régions : en Angleterre, à Fountains et à Kirkstall ; en Italie, à Casamari, Fossanova, San-Martino, etc[2].

Ph. C. Enlart

44. Réfectoire de l'abbaye de Fossanova, chaire du lecteur.

La raison d'être de cette disposition, tout au moins dans le cas actuel, était de laisser libre la partie inférieure des murs, le long desquels étaient alignées les tables des religieux.

[1] Cette disposition, fort élégante, se retrouve fréquemment et en particulier à la Bussière, à Saint-Martin-des-Champs, à Paris ; au mont Saint-Michel, à Beauport (Côtes-du-Nord), à Saint-François de Nicosie (Chypre), etc.

[2] Cf. Enlart, *Origines françaises de l'architecture gothique en Italie*, p. 271.

Ph. L. B.

45. Travée du réfectoire.
(xiiie siècle.)

Pendant le repas, un frère faisait une lecture pieuse du haut d'une chaire, généralement construite en encorbellement en forme de tribune, à laquelle on accédait par un escalier pratiqué dans l'épaisseur de la muraille. Nous en avons des exemples dans le réfectoire de Sénanque et aussi dans ceux de l'abbaye bénédictine de Saint-Martin-des-Champs de Paris (Conservatoire des Arts et Métiers), de Bonport (Eure), de Fossanova (fig. 44), de Poblet, etc.

Les cuisines et l'office aux provisions étaient situés dans la pièce contiguë au cloître et qui accompagne le réfectoire au couchant.

Enfin, le cellier et les magasins devaient se trouver, comme toujours, à l'ouest des bâtiments réguliers, à proximité des cuisines et parallèlement au réfectoire. Des substructions, récemment mises au jour, ne laissent aucun doute sur leur emplacement. Le cellier de Noirlac, merveilleusement conservé et placé de même façon, peut nous donner une idée précise de ce que devait être celui de Fontenay (fig. 46).

Au-dessus du cellier s'étendait une vaste salle sur toute la longueur du bâtiment, affectée, comme toujours, au dortoir des convers.

Ph. L. B.

46. Cellier de Noirlac.

ABBAYE DE FONTENAY

Ph. L. Bégule.

ENTRÉE DE L'ENFERMERIE — TRAVÉE DU RÉFECTOIRE — LA FORGE

L'ENFERMERIE

LA tradition, confirmée par des pièces d'archives, nous apprend que l'abbé de Fontenay pouvait exercer des droits de justice très étendus, aussi bien sur les habitants des terres dépendant de l'abbaye que sur les religieux et les frères convers qui devaient obéissance absolue à leurs supérieurs. Les jugements rendus par le cellerier, au nom de l'abbé, pouvaient aller jusqu'à la pendaison aux fourches patibulaires qui se trouvaient « à l'entrée des bois, sur la route de Châtillon, dans un champ qui est encore appelé la Justice [1] ». Il existe même dans les archives de l'abbaye de curieux débats entre le prévôt de Montbard et l'abbé de Fontenay au XVIe siècle, au sujet d'un malheureux condamné à être pendu, qui aurait été exécuté sur les terrains du monastère.

Ph. L. B.

47. PORTE DE L'ENFERMERIE.

L'emprisonnement punissait le plus souvent les serfs, les manants justiciables de l'abbé, ainsi que les religieux et convers indisciplinés [2].

Au sud, et perpendiculairement à la salle des novices et au dortoir, un corps de bâtiments, édifié en 1547 aux frais d'un religieux, porte le nom d' « enfermerie » par euphémisme, comme l'indique une inscription gravée dans un cartouche de

[1] J.-B. Corbolin, ouvrage cité, p. 68.

[2] C'est à partir du XIIIe siècle, que, en vertu d'une prescription du chapitre général de 1229, toute abbaye cistercienne fut tenue d'avoir une prison.

pierre, au-dessous de la corniche sur la face méridionale, Enfermerie faicte per frère Pierre lerain, Docteur en théologie[1], 1547 (fig. 48). Afin que les caractères fussent plus lisibles, étant donné la hauteur où est placée l'inscription, les lettres ont été incrustées de pâtes, à base de résine, colorées en vert foncé et en rouge. C'était la prison de l'abbaye. Les ouvertures des salles basses montrent encore de nombreuses traces de scellement de barreaux de fer qui attestent la destination de l'édifice. Le mur occidental est constitué par la travée de l'ancien réfectoire qui a été conservé et surmonté d'un pignon pour accompagner la toiture.

On accède à l'intérieur par une tourelle à pans coupés contenant l'escalier et décorée d'une charmante porte de la Renaissance (fig. 47). Cet escalier pouvait également conduire à l'appartement de l'Abbé situé à l'extrémité méridionale du dortoir des religieux.

[1] Le titre de docteur en théologie n'est pas pour surprendre, et nous savons que, parmi les religieux qui se livraient à la prédication, on comptait des hommes de haute valeur, aussi remarquables par leur science théologique que par leurs connaissances agricoles et industrielles. Sous l'administration de l'abbé Jacques de Jaucourt (1530-1547), il se trouvait parmi les religieux de Fontenay un Dom Pierre de Farcy, docteur en théologie. Doit-on reconnaitre en lui le frère Pierre, originaire de Lorraine, mentionné dans l'inscription ?

48. Inscription incrustée de ciments colorés sur la face méridionale de l'enfermerie.

Ph. L. Bégule.

LES JARDINS DE LA GRANDE COUR

L'INFIRMERIE

49. Escalier de l'infirmerie.
(D'après le relevé de M. Paul de Montgolfier.)

Ce corps de logis, conformément à la règle de saint Benoît et à celle de Cîteaux, était toujours isolé et à une certaine distance des autres constructions, par mesure d'hygiène.

Les monastères d'une certaine importance possédaient deux infirmeries; l'une affectée aux religieux, l'autre aux convers, comme à Fountains.

Le bâtiment de l'infirmerie de Fontenay était placé au levant et le long de la rivière, avant sa dérivation pour les besoins de l'usine. Si les murs remontent très probablement à la fondation de l'abbaye, l'intérieur, complètement transformé, n'a d'intéressant qu'un charmant escalier Louis XIII, supporté par deux colonnes à bases et chapiteaux fuyants et muni d'une belle rampe en fer forgé (fig. 49).

JARDIN DES SIMPLES

A proximité de l'infirmerie, toute abbaye cultivait les plantes médicinales les plus usuelles, comme nous le voyons déjà au commencement du IXe siècle sur le célèbre plan de l'abbaye de Saint-Gall.

Les plantes divisées en planches, séparées par des allées, y sont désignées par leurs noms : la sauge, *salvia*, le fenouil, *feniculum*, le persil, *petroselinum*, la menthe, *mentha*, etc.

A Fontenay, le jardin des simples devait se trouver au levant, entre le bâtiment de la salle capitulaire et l'infirmerie. Dans le voisinage, s'étendaient les potagers et vergers nécessaires aux besoins domestiques.

50. VIERGE MÈRE.
(Collection de Fontenay, XIIIe siècle.)

LA DÉCORATION PEINTE ET SCULPTÉE

LES VITRAUX

51. VITRAIL DE BONLIEU (CREUSE).

On a vu que les sévères doctrines de saint Bernard s'élevaient contre tout décor superflu dans les églises de l'Ordre et qu'elles recommandaient la plus austère simplicité.

En 1134, le Chapitre général prescrit que les verrières « doivent être blanches, sans croix et sans peinture[1] ». Cette ordonnance fut certainement observée à Fontenay ; mais, des anciens vitraux, aucun fragment n'est parvenu jusqu'à nous. Par les panneaux conservés dans les abbayes contemporaines de Bonlieu, d'Obazine et de Pontigny (fig. 51, 52 et 53), on peut aisément se faire une idée de ce que devaient être ces verrières, probablement exécutées dans le couvent, par les religieux eux-mêmes.

On se bornait à découper les verres blancs ou légèrement teintés de gris verdâtre, suivant des formes géométriques ou ornementales, et à les assembler solidement par de larges plombs soudés et contre-soudés à chaque intersection. C'est ce parti, fort décoratif du reste, qui a été suivi dans la reconstitution des vitraux de Fontenay, en s'inspirant surtout de ceux de Bonlieu et d'Obazine.

Jusqu'au XIIIe siècle, les prescriptions de la règle furent scrupuleusement suivies, et

52. VITRAIL D'OBAZINE (CORRÈZE).

[1] *Institut. capit. gen. cist.*, cap. LXXXI, ap. *Nom. cist.*, 271.

même, en 1182, le Chapitre général ordonna de détruire en l'espace de deux ans tous les vitraux peints et de couleur, qui auraient été établis contrairement à ces instructions. Seules, les abbayes bénédictines, devenues cisterciennes, pouvaient conserver leurs vitraux [1].

Les religieux devinrent impatients d'enrichir leurs églises, à mesure que la règle se relâchait de sa sévérité : en Italie ceux de Fossanova tournent très ingénieusement la défense en fixant contre le verre blanc de minces lamelles de plomb percées de trous ronds et formant ainsi de longs perlés ; cet expédient n'était pas de la peinture, mais en avait toutes les apparences. (Communication due à l'obligeance de M. Enlart.)

Toute décoration peinte était également prohibée. Aussi n'a-t-on découvert sur les murs de l'église que les traces d'un décor des plus rudimentaires, composé d'assises brun-rouge, exécutées à la fresque, sur fond blanc. Les quelques fragments, qui peuvent à peine se distinguer sur la paroi de la galerie occidentale du cloître, ne sont que du XVIe siècle. Ces peintures représentaient les quatre grands prophètes dont les noms, celui de David entre autres, se lisaient encore il y a peu d'années.

[1] *Institut. capit. gen. cist.*, dist. I, cap. III, ap. *Nom. cist.*, 275.

53. VITRAIL CISTERCIEN DE L'ABBAYE DE PONTIGNY.
(XIIe siècle.)

LA SCULPTURE

La sculpture ne trouvait pas grâce, non plus, dans les coutumes cisterciennes, et, pendant que, de toutes parts, dès le début du XIIe siècle, les églises, et principalement celles de l'ordre de Cluny, se paraient à l'envi de l'ornementation sculptée la plus riche, la plus exubérante, parfois même singulièrement osée, saint Bernard, dans une apostrophe célèbre[1], s'élevait contre cette abondance de monstres grimaçants, « de singes immondes, de lions farouches, de centaures monstrueux, de guerriers combattants, de quadrupèdes à queues de serpent », qu'il considérait comme des fables grossières, aussi coûteuses qu'ineptes, propres à détourner l'attention des moines dans le lieu saint. Aussi n'avons-nous rencontré dans la sculpture de Fontenay que des chapiteaux dont le décor, emprunté aux motifs végétaux les plus simples, ne se compose que de feuilles plates à côtes faiblement indiquées.

L'abbaye peut cependant revendiquer quelques œuvres de statuaire de premier ordre, mais qui sont d'une époque où la règle, déjà plus tolérante, avait admis dans ses murs des artistes de valeur.

Ph. L. B.

54. Vierge de Fontenay. (XIIIe siècle.)

Vierge Mère. Pierre : 2 mètres. Fin du XIIIe siècle (fig. 54). — L'église de Fontenay, comme toutes celles de Cîteaux, était placée sous le vocable de la Vierge, en mémoire de la dévotion toute spéciale de saint Bernard pour la reine du Ciel.

[1] *Apologia ad Guillelmum*, inter *Tractatus*, cap. I.

La statue de Notre-Dame qui, au XIIIe siècle, était présentée à la vénération des religieux, existe encore, malheureusement en dehors de l'abbaye.

Légèrement infléchie sur la jambe droite, Marie, la tête couronnée, porte l'Enfant Jésus sur le bras gauche et la main droite tient un sceptre, aujourd'hui brisé. Sous ses pieds, on distingue un animal assez difficile à identifier. L'Enfant entoure le col de sa mère de son bras droit et appuie sur sa poitrine une colombe; c'est là une mère au port solennel, mais toute gracieuse, jouant avec son enfant. Cette statue était polychromée et on reconnaît encore de nombreuses traces du bleu du manteau.

Malgré les lichens et les mousses qui ont envahi cette admirable figure, exposée aux intempéries dans le cimetière de la commune de Touillon, voisine de Fontenay, on doit la considérer comme une des plus majestueuses productions de la sculpture française.

Lors de la vente mobilière de Fontenay, en octobre 1791, elle fut adjugée au prix de 6 livres.

Retable. Pierre : hauteur, 0^m80 ; largeur, 2^m50 (fig. 55). — Ce très bel ensemble appartenait probablement au maître-autel de l'église. Il se compose de trois fragments principaux, dont la réunion donne encore une haute idée de ce que devait être cette sculpture, alors qu'elle était dans son intégrité. Ce retable a, malheureusement, subi de graves mutilations, ayant été utilisé comme dallage, la face sculptée noyée dans un sol particulièrement humide. Il se compose d'une scène centrale et de deux groupes de sujets latéraux divisés en deux registres.

Au centre, sous un arc trilobé, la Crucifixion. Au pied de la croix, Marie tombe dans les bras des Saintes Femmes et saint Jean, admirablement drapé, est entouré d'un groupe de soldats. Au-dessus des bras de la croix, deux anges à mi-corps — détail assez particulier — tiennent le soleil et la lune, en partie voilés dans les plis de leurs draperies et, dans les écoinçons, deux têtes feuillagées n'ont qu'une fonction décorative. A droite et à gauche, sous des arcatures plus étroites, deux élégantes figurines apportent au sujet central un complément symbolique, suivant la tradition constante du Moyen Age. A gauche, l'Eglise couronnée tient à la main l'étendard crucifère. A droite, la Synagogue, très endommagée, n'est reconnaissable qu'à la hampe de sa bannière brisée, qu'on distingue dans la partie supérieure. Des cadres trilobés surmontent ces dernières figures et renferment des groupes de petites figurines merveilleusement ciselées, mais difficiles à identifier.

Le décor des parties latérales se divise en deux séries de trois sujets superposés, encadrés par des quatre-lobes, réunis par des roses épanouies. Les deux

Ph. L. B.

55. RETABLE DU MAITRE-AUTEL DE FONTENAY.
(Fin du XIIIe siècle.)

médaillons de l'extrémité gauche ont disparu. Le premier à gauche du spectateur est une Nativité, composition bien conforme à la tradition iconographique de l'époque. Marie repose sur un lit de parade, le bras droit gracieusement replié sous la tête, tandis que saint Joseph sommeille, appuyé sur son bâton. Dans le haut, l'Enfant

Jésus, dans son berceau, est réchauffé par l'haleine du bœuf et de l'âne. A côté, l'Adoration des Mages ; au-dessus, la Flagellation et le Portement de la Croix.

Les trois scènes du registre inférieur du côté droit sont : la Présentation, la Naissance de la Vierge et son Couronnement. En haut, le premier sujet à gauche montre la Résurrection, ou plutôt le Christ dans sa gloire, assis entre deux anges adorateurs, au-dessus de son tombeau orné d'arcatures dans chacune desquelles un garde est endormi. La Vierge et les Apôtres, témoins de l'Ascension, occupent les deux derniers médaillons.

Exécutée dans un style simple et noble, cette œuvre doit être rapprochée de celles qui décorent les soubassements de la cathédrale d'Auxerre et principalement du portail central, côté nord, qui sont, incontestablement, de la même école et de la même date : fin du XIIIe, ou début du XIVe. La disposition des médaillons en quatre lobes et le caractère de la sculpture rappellent aussi de très près les innombrables bas-reliefs des portails de la Calende et des Libraires de la cathédrale de Rouen et surtout le merveilleux ensemble iconographique du soubassement de la cathédrale de Lyon.

Les trois œuvres suivantes, qui appartenaient à Fontenay avant la Révolution, sont actuellement conservées dans la chapelle du Petit-Jailly.

56. VIERGE MÈRE.
(XIVe siècle.)

VIERGE. Pierre de Tonnerre : hauteur, 1^m^60 (fig. 56). — Portant l'Enfant Jésus sur le bras gauche, la Vierge tient un lis de la main droite. C'est une œuvre charmante du plus pur XIVe siècle, avec tout le maniérisme qui caractérise l'époque, en opposition à l'idéalisme du XIIIe. Le visage de Marie, rond, sans grande individualité, est encadré de fortes nattes de cheveux ; le déhanchement est accentué et le manteau, drapé en travers du corps, retombe en plis amoncelés sur la hanche gauche, enroulés comme des feuilles de parchemin. Tous ces caractères sont bien ceux de l'école de sculpture si florissante en Bourgogne dès la fin du XIIIe siècle.

Un long bas-relief, de 1^{m}50 sur 0^{m}85, utilisé dans le maître-autel de la même église, représente, en plein relief, la Mise au Tombeau. Au centre, le Christ, mort,

Ph. L. B.

57. DEVANT D'AUTEL.
(Fin du XVe siècle.)

est déposé dans le sépulcre par Joseph d'Arimathie et un disciple, en présence des Saintes Femmes qui occupent le fond du tombeau. Au bas du sépulcre, les gardes endormis et, aux deux extrémités, les donateurs, le mari et la femme, à genoux, les mains jointes, en costume de riches bourgeois. Cette sculpture, en parfait état de conservation (fig. 57), vaut surtout par le pittoresque de la composition et la fidélité des détails des costumes, car il s'y trouve de grossières erreurs de dessin et de proportions ; c'est encore une œuvre bien bourguignonne de la fin du XVe siècle.

D'après l'abbé Corbolin, ce bas-relief se trouvait dans la chapelle du Saint-Sépulcre de l'église de Fontenay.

58. ECCE HOMO.
(XVIIe siècle.)

ECCE HOMO. Pierre : hauteur, 1^{m}10. — Cette sculpture de style classique, non sans valeur, est très probablement du XVIIe siècle (fig. 58).

CARREAUX ÉMAILLÉS

Quel devait être le pavement primitif de l'église et des salles de l'abbaye ? Conformément aux exigences de la règle, il ne devait se composer que de dalles de pierre ou de simples carreaux de terre cuite, sans aucun décor[1], « sans mosaïques, composées de figures d'anges et de saints personnages, sur lesquels on crache et que l'on foule aux pieds, sans carreaux de diverses couleurs ». Tout au plus les carreaux pouvaient-ils présenter quelques formes géométrales, gravées à la pointe, dans la terre encore molle, comme ceux que l'on a retrouvés à la Bénisson-Dieu et qui remontent au XIIe siècle.

Dans toute la Bourgogne et particulièrement dans la région d'Auxerre, dès le milieu du XIIIe siècle, l'emploi des carrelages historiés et émaillés était devenu fort répandu, et il n'est pas étonnant de voir, à cette époque où la règle subissait quelques relâchements, pénétrer dans notre abbaye l'emploi de ces carreaux aux mille combinaisons ornementales.

Ils recouvraient le sol du chœur et d'une grande partie de l'église, ainsi qu'il ressort d'une pièce de procédure, en date du 10 août 1752, relative à un procès entre les religieux de Fontenay et les adjudicataires des réparations à effectuer vers 1750[2]. Le chœur ayant été surélevé, les mausolées, les tombeaux furent déplacés, et les carreaux historiés transportés dans le cloître servirent à paver deux des galeries. C'est là qu'ils furent retrouvés en très grand nombre et, depuis peu, utilisés en partie pour la décoration du chœur de l'église.

Ils sont de différentes mesures, variant entre 8 et 15 centimètres, et sont, pour la plupart, destinés à former, par leur assemblage quatre par quatre, des motifs en forme de rosaces. Tous les carreaux sont en terre cuite rouge chargée d'oxyde de fer. Les uns portent un dessin simplement estampé en creux, à l'aide d'une matrice, dans l'argile encore malléable et sont recouverts d'un émail noir, jaune ou brun rouge. Les autres sont décorés suivant la technique usitée en

[1] *Institut. capit. gen. cist.*, dist. I, cap. IV, ap. *Nom. cist.*, 275. En 1235, l'abbé du Gard, ayant violé cette règle, fut condamné à démolir son pavé (d'Arbois de Jubainville, ouvrage cité, p. 28).

[2] Archives de Fontenay.

Bourgogne au XIIIe siècle, comme dans l'Ile-de-France et la Champagne. Le dessin était d'abord estampé en creux à faible profondeur, puis rempli de pâtes colorées et fusibles qui se détachaient en clair sur un fond plus foncé. L'émail de ces

59. CARREAU ESTAMPÉ EN CREUX.

60. CARREAUX ESTAMPÉS EN RELIEF.

61. CARREAU ESTAMPÉ EN CREUX.

dessins, souvent moins résistant que celui des fonds, a particulièrement souffert du frottement des pieds.

A n'en pas douter, ces carreaux furent fabriqués dans l'abbaye, de la main même des religieux, car nous savons que, dès le commencement du XIIIe siècle, les cisterciens étaient arrivés à une grande habileté dans l'emploi des produits céramiques et des terres de couleurs différentes qu'ils faisaient entrer par incrustation dans un même carreau, aussi bien que dans l'usage des vernis plombifères[1].

62-63. CARREAUX ÉMAILLÉS.

[1] L'abbé Cochet, dans *la Normandie souterraine*, cite l'abbé de Beaubec qui fut blâmé, lors d'un Chapitre général, pour avoir permis à un de ses religieux, habile céramiste, d'exécuter des pavements historiés pour des laïcs étrangers à l'observance cistercienne (Em. Amé, *les Carrelages émaillés du Moyen Age et de la Renaissance*).

64 A 69. CARREAUX ÉMAILLÉS.
(D'après les relevés de M. Paul de Montgolfier.)

70 A 75. CARREAUX ÉMAILLÉS.
(D'après les relevés de M. Paul de Montgolfier.)

LES TOMBEAUX

Les prescriptions de la règle de Cîteaux, interdisant d'ensevelir les étrangers dans l'enceinte du monastère[1], furent généralement observées dans les autres abbayes. A Fontenay, la tolérance semble avoir été plus large et nous voyons de nombreux personnages de marque, prélats, princes, ducs, barons, chevaliers, simples bourgeois même, solliciter la faveur d'une sépulture dans l'enceinte de l'abbaye qu'ils avaient, le plus souvent, enrichie de leurs libéralités.

Un très grand nombre de pierres sépulcrales formaient le dallage de l'église et des chapelles, mais elles furent bouleversées lors des travaux exécutés vers 1750 pour l'exhaussement du sol. Si toutes celles qui nous restent ne sont pas dans un parfait état de conservation, elles méritent cependant d'être décrites et reproduites.

Un tombeau plus important que les autres, qui était primitivement un véritable mausolée, nous conserve un intéressant spécimen de l'art néerlandais-

Ph. L. B.

76. Tombeau de Mello d'Epoisse.
(Côté méridional.)

[1] *Institut. capit. gen. cist.*, dist. X, cap. XXIV.

Ph. L. B.

77. TOMBEAU DE MELLO D'EPOISSE.
(Côté septentrional.)

bourguignon, malgré les sauvages mutilations qu'il dut subir au cours des siècles et aussi à la suite de ses divers déplacements.

Au siècle dernier, ce mausolée avait été transporté dans la galerie du cloître qui donne accès à la salle capitulaire ; depuis 1910, il est rétabli à son ancienne place, sous l'arc qui relie le chœur à la première chapelle du bras de croix méridional.

Le tombeau se compose d'un socle moderne supportant les deux statues couchées d'un chevalier et de sa femme ; les pieds de l'homme sont appuyés sur deux lions adossés ; ceux de la femme, sur deux levrettes ; les mains sont jointes sur la poitrine et deux dais d'architecture très élégante abritent les têtes des gisants.

Le chevalier, de très grande taille, a près de 2 mètres. Il est casqué et revêtu de la cotte de mailles, de son armure et d'un surcot. L'épée est, en partie, recouverte par l'écu aux armes des Mello de Bourgogne : *d'or à deux fasces de gueules et un orle de merlettes de même.* Ces armes, en partie restaurées, sont à peine distinctes.

La femme a $1^{m}75$. Elle est vêtue d'un long surcot serré à la taille par une ceinture. La coiffure est une sorte d'aumusse d'étoffe épaisse.

Entre les deux gisants et des deux côtés, sur un cadre mouluré et fleuronné, sont assises des petites figures de moines en prière, affreusement mutilées, les mains jointes, ou lisant l'office des morts. Cette particularité, bien spéciale à la

Bourgogne, se retrouve sur un tombeau du XIVe siècle dans le chœur de l'église Saint-Thibauld [1] (Côte-d'Or) (fig. 78).

Le mausolée est taillé dans la pierre de Tonnerre, calcaire assez tendre, à grain fin, se prêtant admirablement à la sculpture. Mais dans quel déplorable état nous est-il parvenu? En 1878, un sculpteur, réfugié de la Commune de Paris, avait bien tenté un commencement de restauration qui fut sans grand succès. Tel qu'il est aujourd'hui, ce monument est loin de la somptuosité du décor qui l'encadrait lors de son exécution, au milieu du XIVe siècle.

Une description des tombeaux de l'abbaye de Fontenay, datant du commencement du XVIIIe siècle, conservée à la Bibliothèque Nationale, nous donne les noms des défunts et nous apprend que d'autres figures en complétaient magnifiquement la décoration : « Le tombeau qui est dans le sanctuaire, du côté de l'Epître, est de 9 pieds 3 pouces de long. Les figures couchées dessus sont de 5 pieds 8 pouces de longueur. Les figures du Sauveur, qui est à la tête, et de la Sainte Vierge, qui est aux pieds, appliquées contre le mur, de chacune 4 pieds 1/2 de haut. Ledit tombeau a 5 pieds de large; l'arceau de dessus, 10 pieds de haut, et les pilastres des quatre coins, chacun 13 pieds de haut du côté de la chapelle du Sépulcre. Ce tombeau est du seigneur Mello cadet et de son épouse. Du côté du chœur, les pilastres sont de plus de 20 pieds de haut, et il y a en haut, entre ces pilastres, deux grandes figures : l'une de la Vierge et l'autre d'un Evangéliste [2] ». Il ne reste aucune trace des figures du Christ et de la Vierge, qui se trouvaient adossées au mur, sous l'arceau, sauf quelques arrachements des niches qui les encadraient. Seuls, ont été conservés des fragments des quatre pilastres extérieurs qui encadraient l'arceau et portaient des gables surmontés d'une Vierge et d'un Evangéliste.

M. A. Kleinclausz donne des renseignements très précis sur cette famille de Mello, originaire de Picardie, fort connue en Bourgogne, et dont plusieurs membres furent enterrés dans l'église de Fontenay. Quant au Mello d'Epoisses, frère cadet de Guillaume IV ou de Guillaume V de Mello, représenté sur

[1] Ce tombeau ne porte aucune inscription, mais la tradition le désigne comme étant celui du fondateur de l'église du prieuré : Thibauld, fils aîné de Bouchard, baron de Marly, de la noble famille de Montmorency (Viollet-le-Duc), « Église et chœur de Saint-Thibauld » *(Annales Archéologiques*, t. V). M. Henri Chabeuf reconnaitrait plutôt la sépulture de Jean II, de Thil, seigneur de Saint-Beury, mort en 1306 *(la Côte-d'Or monumentale*, p. 59).

[2] Bibl. Nat., coll. Bourgogne, t. LXXIV, fol. 178.

ABBAYE DE FONTENAY

Ph. L. Bégule.

L'ENFERMERIE LE DORTOIR

ce tombeau, nous savons qu'il vivait pendant le deuxième tiers du XIVe siècle, ainsi que le confirment les détails du costume et de l'architecture.

Sans entrer dans les savantes considérations de M. A. Kleinclausz sur les influences étrangères à l'art bourguignon qui apparaissent dans la sculpture du tombeau de Mello, qu'il rapproche avec raison de l'ancien tombeau de Guillaume de Vienne, à Saint-Seine, nous reconnaîtrons avec lui que, sous Philippe le Hardi, les artistes flamands s'étaient répandus en Bourgogne antérieurement à Claux Sluter, et que « c'est parmi ces ouvriers de la première heure qu'il faut chercher les auteurs inconnus des tombeaux de Fontenay et de Saint-Seine[1] ».

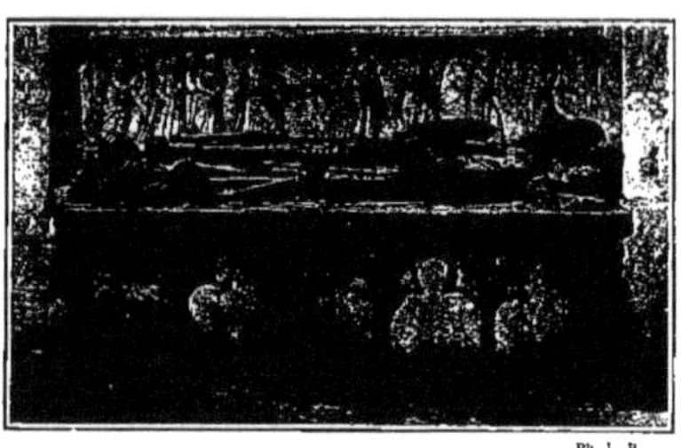

Ph. L. B.

78. TOMBEAU DE SAINT-THIBAULD (CÔTE-D'OR).

Huit grandes pierres tombales et quelques autres fragments ont été conservés et sont actuellement disposés dans le chœur :

Ebrard, évêque de Norwich. Pierre : longueur, 1m85 ; largeur, 0m85 (fig. 3).

HIC : IACET : DOMINUS : EBRARDUS : NORVICENS : EPISCOPUS : QUI : EDIFICAVIT : TEMPLUM : ISTUD :

Revêtu de ses ornements épiscopaux, de l'aube, de la dalmatique, du manipule et de la chape, brodés, coiffé d'une riche mitre, les mains gantées et croisées serrant la crosse sur la poitrine, l'évêque Ebrard est encensé par deux anges placés au niveau de sa tête.

La pierre qui représente le généreux fondateur de l'église de Fontenay est

[1] A. Kleinclausz, « les Prédécesseurs de Claux Sluter » *(Gazette des Beaux-Arts*, juillet 1905). Cf. Alphonse Germain, *les Néerlandais en Bourgogne*, p. 36, Bruxelles, 1909. Voir également, du même auteur : « l'Art funéraire de la Bourgogne au moyen âge » *(Gazette des Beaux-Arts*, 1902).

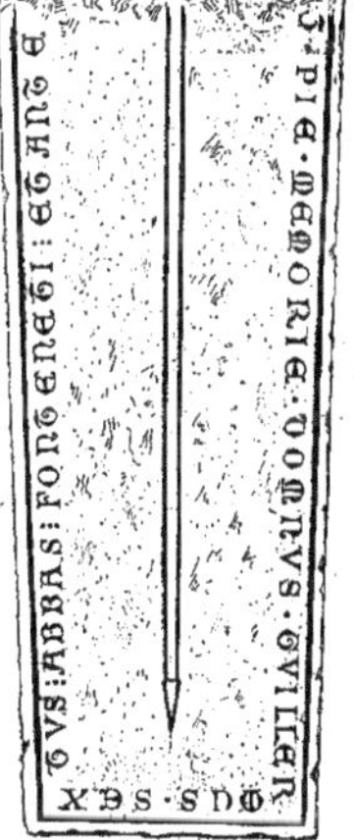

79. TOMBE DE GUILLAUME II, Sixième abbé de Fontenay (1167-1170).

ornée sur le pourtour d'une belle frise de feuillages en relief : primitivement elle était élevée sur un socle. Elle se trouvait encore, au commencement du XVIIIe siècle, devant l'autel, au milieu du chœur, non loin de celle d'Etienne, évêque d'Autun[1].

Guillaume II de Montbard, sixième abbé de Fontenay. Pierre : longueur, $1^{m}15$; largeur, $0^{m}62$ (fig. 79).

..... T . PIE MEMORIE . DOMNUS . GUILLERMUS . SEXTUS . ABBAS . FONTENETI . ET . ANTE .....

Cette pierre tombale est incomplète et ne montre, au centre, que la hampe de la crosse. Elle se trouvait primitivement devant le maître-autel de l'église et fut transportée dans le cloître, où elle fut retrouvée.

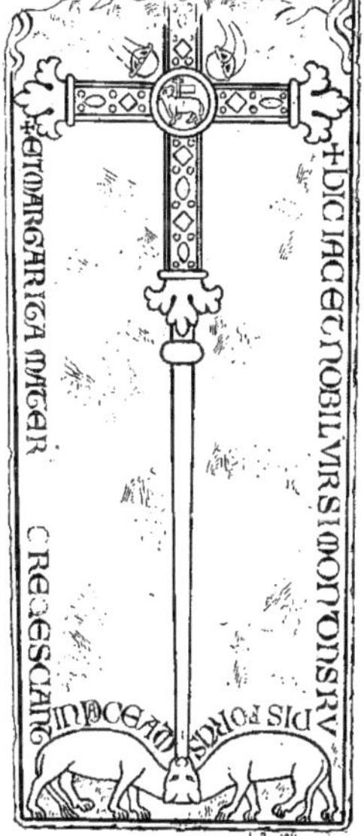

80. TOMBE DE SIMON DE ROCHEFORT ET DE SA MÈRE MARGUERITE.

Simon, seigneur de Rochefort, et sa mère, Marguerite. Pierre : longueur, $2^{m}15$; largeur, $0^{m}85$ (fig. 80).

✝ HIC IACET NOBIL*is* VIR SIMONDUS RUPIS FORTIS
✝ ET MARGARITA MATER *eius*
REQUIESCANT IN PACE AMEN

La partie supérieure de la dalle a été brisée ; au centre, une élégante croix fleuronnée et gemmée, avec un *Agnus Dei*, terminée par une longue hampe fichée dans l'unique gueule de deux chiens affrontés. Dans le haut, on distingue les traces de deux anges, émergeant des nuées et balançant des encensoirs.

[1] Dom Martène, ouvrage cité, p. 150. — Dom Plancher, *Histoire générale et particulière de la Bourgogne*, I, p. 314.

Eudes de Frolois, sire de Rochefort et de Moulinot, 1308. Pierre : longueur, $2^{m}15$; largeur, $1^{m}05$ (fig. 81).

† CI : GIT : MESIRES : *Odes de FroloiS, sire* DE *Rochefort et de Moullement qui trép*ASSA : LAN : DE : GRACE : MIL : CCC : ET : *le premier i*OUR : DE IANVIER : *JESus Christ aye* LAME : DE LUI : AMEN :

81. TOMBE D'EUDES DE FROLOIS.

Le défunt, encadré d'une riche architecture, est figuré, les mains jointes, entièrement revêtu de mailles de fer qui ne laissent à découvert que la face. Il porte par-dessus une cotte d'armes, sans manches, et l'épée est attachée au côté gauche. Son chien fidèle est à ses pieds. Ses armes, deux fois répétées dans le haut de l'architecture, ont disparu avec les plaques de cuivre sur lesquelles elles étaient émaillées. Une partie de l'épitaphe est aujourd'hui effacée, mais le texte intégral nous est conservé par une copie du XVIIIe siècle de la Collection Bourgogne.

82. TOMBE DE MILLON DE FROLOIS.

Millon de Frolois. Pierre : longueur, $2^{m}15$; largeur, $0^{m}85$ (fig. 82).

† HIC : IACET : VIR : NOBILIS *Milonis Frolesii, cujus, anima requiescat in pace : amen* † *Credo : quod : Redemptor : meus : vivit : et : in : novissimo : die : de terra surrectur̄ : sum ; et : in : carne : mea : videbo : Deum : salvatorem : meum ; hujus : sponsa : viri : Voluit :* SE CONSEPELIRI.

Debout, sous un arc tribolé, le personnage, tête nue, les cheveux bouclés, les mains jointes et les pieds reposant sur un chien couché, est revêtu d'un long surcot. Son épée, dans le fourreau, est placée à sa droite. Dans les angles supérieurs, deux anges sortant d'une nuée balancent des encensoirs.

L'inscription presque totalement effacée peut être reconstituée à l'aide de la copie conservée à la Bibliothèque Nationale. Une deuxième inscription dans l'arcature est illisible.

Une sixième pierre tumulaire : longueur 2^{m}10 ; largeur, 1^{m}22 (fig. 84), brisée en deux morceaux incomplets, montre les effigies d'un seigneur et d'une dame, les

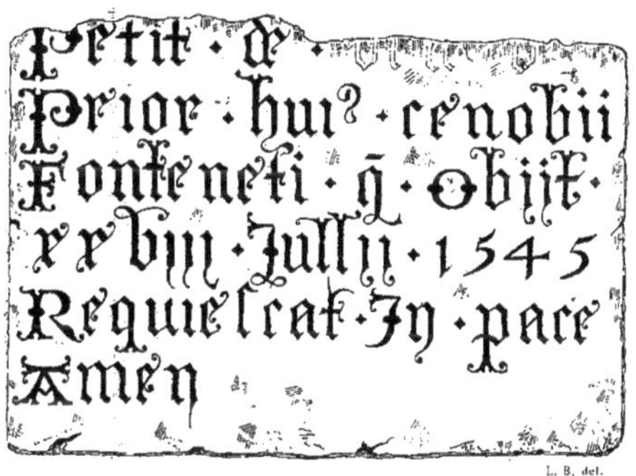

83. TOMBEAU DU PRIEUR DE FONTENAY JEAN PETIT.

mains jointes, vêtus de longs bliauds et abrités sous des architectures du XIVe siècle. L'homme a la tête couverte d'une calotte bordée d'un cercle d'orfèvrerie, et la femme est coiffée d'un béguin qui laisse échapper des mèches de cheveux.

Les inscriptions qui occupent le cadre extérieur ainsi que les trois colonnes sont malheureusement très frustes et ne permettent pas l'identification des défunts.

Une grande pierre tombale en marbre noir recouvrait la sépulture de l'aîné des seigneurs de Mello (longueur, 2^{m}45 ; largeur, 1^{m}15). Il y était figuré avec sa femme sur de grandes plaques de cuivre gravées, émaillées et incrustées dans le marbre. Depuis longtemps, le métal a été arraché, ne laissant que des silhouettes. Cette tombe est actuellement placée dans le chœur, à l'angle nord-est.

Eustochie, parente du roi Edouard d'Angleterre, de l'illustre famille des Lusignan et veuve de Dreux de Mello, morte à Carthage, l'an 1270, voulut reposer à Fontenay où sa tombe fut placée sous le porche à droite de l'entrée. (Pierre : longueur, 1m80 ; largeur, 1m10.) Elle portait l'inscription suivante : *Hic jacet illustris mulier Eustochia, uxor quondam Droconis de Melloto, Edoardi illustris Anglorum regis consanguinea quæ apud Carthaginem migravit ad Dominum, anno Domini 1270* [1].

Cette tombe, en marbre noir, incomplète du haut et du bas, était incrustée de cuivres gravés et émaillés, mais le métal a disparu. C'est celle qui se trouve dans l'angle sud-ouest du chœur.

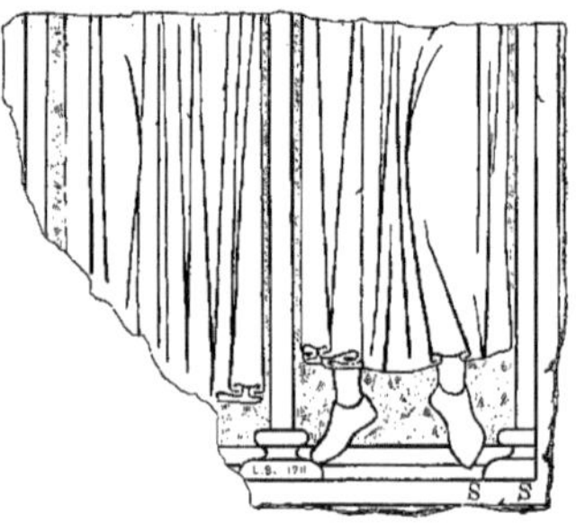

84. TOMBE DE PERSONNAGES INCONNUS.

Trois autres tombes, à l'état de fragments, sont encore conservées dans le petit musée lapidaire de l'abbaye.

Dom Jean Petit, prieur de Fontenay. — Pierre : longueur, 0m70 ; largeur, 0m90 (fig. 83).

Petit . de... ... Prior. hui(us). cenobii.
Fonteneti . q̄ . obiit. XXVIII . Iullii, 1545
Requiescat . in . pace . Amen .

Le prieur de Fontenay, Dom Jean Petit, était en fonctions sous l'administration du dernier abbé régulier Jacques de Jaucourt, 1530-1547.

Le buste d'un chevalier, encadré par des architectures du XIIIe siècle, ne saurait être identifié par le peu qui subsiste de l'épitaphe : CI GIT MESSIRE JEHAN... Cependant ses armoiries, gravées près de la tête, rappellent celles des seigneurs de Chastelux : *d'azur à une bande d'or, accompagné de 6 billettes de même.*

[1] Les indications concernant les deux dernières tombes sont fournies par la Collection Bourgogne, III, Bibl. Nat.

Un autre personnage laïque, les mains jointes, dont il ne reste que la partie supérieure du corps, est accompagné d'anges thuriféraires.

Outre les sépultures dont les effigies existent encore, l'église en contenait beaucoup d'autres : quelques-unes sont décrites dans le Recueil de Gaignières ou dans la Collection Bourgogne.

Un dessin à la sanguine de la collection Gaignères, n° 3.949, représente la tombe du seigneur de Mailly, 1749. Il est figuré revêtu de la cotte d'armes écartelée au 1er et au 4e de ..... à trois maillets, au 2e et au 3e de ..... à l'aiglette éployée. L'inscription porte : *Cy gist Philippe de Mailly, escuier, fils de noble et puissant seigneur messre Claude de Mailly, chevalier seigneur Darceaulx, Darcelot et des Bares d'Oysans qui trespassa au mois d'Octobre M CCCC LXXIX. Pries pr luy* (fig. 85).

Les tombes suivantes sont mentionnées dans la Collection Bourgogne, II, f° 261 et suivants.

Ph. L. D.

85. TOMBE DE PHILIPPE DE MAILLY, 1379.
Collection Gaignères.)

Un dessin au trait représente un chevalier, les mains jointes, tête nue, vêtu de la cotte de mailles et du surcot, ceint de son épée, les pieds appuyés sur un lévrier (fig. 86). On lit dans le cadre : † *Ci : gist : Messires : Iehans : chevaliers jadis : Sires : de : Frolois : nostres : ... sires : pour... sa grâce : li ouctroit : vie perdurable : amen.* Dans le haut, on voit ses armes : *d'azur à trois bandes d'or bordé de gueules.*

1310. Semur (Rigaud de), chevalier : *Ci gist messire Rigaud, chevalier, sire de Toulses qui trépassa l'an de grâce M CCCX.*

1309. Et, sur la même tombe : *Ci gist Madame Johanne de Riveve dame de Toulses qui trépassa l'an de grâce M CCC IX. Dieu ait son âme.*

1346. Etienne de Grignon, écuyer.

1479. Mailly : *Cy gist noble et puissante dame, Madame de Montieni, à son vivant femme de feu noble et puissant seigneur, messire chevalier sire de Mailly qui trépassa à fin d'Octobre* M CCCC LXXIX. *Priez Dieu pour elle.*

Arcey (Guy d') : *Hic jacet nobilis vir Guido dominus quondam Ariciacum qui construxit capellam istam. Anima ejus per misericordiam Dei et Christi nomine requiescat in pace, amen.*

1547. Jacques de Jaucourt, dernier abbé régulier de Fontenay, 1530-1547 : *Hic jacet venerabilis vir frater Jacobus de Jaucourt, quondam abbas Fonteneti qui obiit IIII Kalend. Mai 1547. Ejus anima requiescat in pace.*

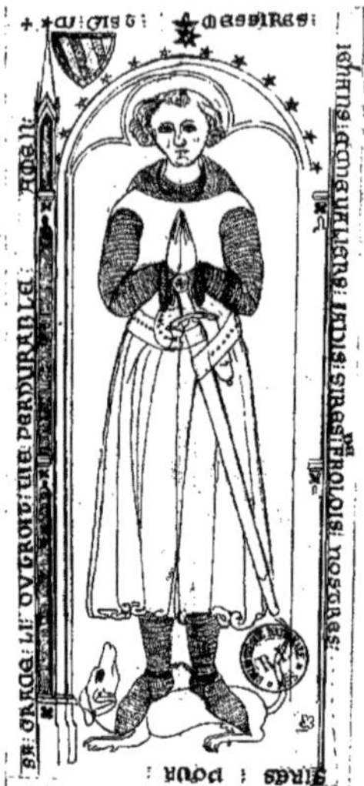

86. Tombe de Jean de Frolois.

La tombe d'un duc et de deux duchesses de Bourgogne nous est conservée par une gravure des plus médiocres [1] accompagnée de la mention suivante : « Tombe d'un duc ou prince de Bourgogne, de Jeanne de France, duchesse de Bourgogne, femme du duc Eudes, quatrième du nom, et de Jeanne de Bourgogne, sœur du duc Philippe de Rouvre et fille de Jeanne de France. Elle est dans l'église de l'abbaye de Fontenay, en la chapelle des ducs de Bourgogne. »

Les personnages, les mains jointes, sont encadrés par des architectures du XIVe siècle, surmontées d'anges aux ailes éployées. Le duc porte, suspendu au ceinturon de son épée, un écu aux armes de Bourgogne.

[1] Dom Plancher, ouvrage cité, t. II, p. 238.

Ph. L. B.

87. CLOITRE DE FONTENAY.
(Côté nord.)

ABBAYE DE FONTENAY

Ph. L. Bégule.

LE COLOMBIER FAÇADE DE L'ÉGLISE

Ph. L. B.

88. Entrée de l'Abbaye.

BATIMENTS DIVERS

En dehors des bâtiments réguliers, l'abbaye comprenait d'autres constructions, soit à l'intérieur du mur d'enceinte, soit dans le voisinage immédiat. C'étaient les communs et dépendances, les ateliers, les métairies, etc.

LA PORTERIE

A l'est, s'ouvrent la porte cintrée et le passage d'entrée du monastère, surmonté d'un étage reconstruit au xve siècle, en pierres de taille sur l'extérieur, en pans de bois hourdés de maçonnerie sur la partie opposée. C'est le logement du frère portier chargé d'accueillir les hôtes et de distribuer les aumônes aux indigents de passage. Par une étroite meurtière, percée dans la muraille au-dessus de la porte, il pouvait aisément surveiller les abords. La partie qui regarde l'intérieur de l'abbaye a dû être remaniée au XVIIe siècle : on retrouve les dates 1649, 1652, gravées sur le linteau de l'escalier, ainsi que sur les murs du passage.

A droite de l'entrée, la niche du chien de garde, ménagée sous l'escalier, existe encore telle qu'elle fut établie à l'origine de l'abbaye. Par une disposition aussi originale que pratique, le fidèle gardien pouvait exercer sa vigilance, tout à la fois, sur l'entrée du monastère et sur l'hôtellerie réservée aux étrangers, par une ouverture quadrilobée, percée dans le fond de sa niche, prise dans l'épaisseur de la muraille.

LOGIS DES HOTES

Le long corps de logis affecté aux hôtes qui venaient visiter les religieux, aux pèlerins, aux voyageurs, s'élève sur la droite, à proximité de l'entrée, selon la coutume monastique. Aujourd'hui, il est converti en ferme.

CHAPELLE DES ÉTRANGERS

A gauche de la porterie, se trouve un grand bâtiment du XIIIe siècle, appuyé au mur d'enceinte, divisé en deux pièces, et terminé par des pignons aux extrémités. Le pignon méridional était très richement ajouré dans sa partie supérieure par une belle fenêtre à deux baies, surmontée d'une rose à quatre lobes et flanquée de deux autres petites fenêtres en plein cintre : on en reconnait les restes à l'intérieur. Au rez-de-chaussée, s'ouvrent deux baies géminées. Les murs conservent encore la trace d'une décoration très sobre, dessinant des assises, exécutée à la fresque. C'était probablement la chapelle réservée aux étrangers, où, dès leur arrivée, l'abbé venait leur souhaiter la bienvenue.

LA BOULANGERIE

L'autre extrémité du bâtiment était occupée par la boulangerie, dont le four, adossé au pignon septentrional, est encore utilisé et conserve son ancienne cheminée cylindrique (fig. 90). Au-dessus du mur de refend, qui sépare la chapelle

ABBAYE DE FONTENAY

Ph. L. Bégule.

ENTRÉE DE LA GRANDE COUR

Ph. L. B.

89. La porterie
(Côté de l'abbaye.)

de la boulangerie, se dresse une large cheminée parfaitement conservée, portant sur une embase de pierre qui suit la pente de la toiture.

LE COLOMBIER

Entre la boulangerie et l'église, un vaste colombier élève sa tour massive, dont les murs ont plus d'un mètre d'épaisseur. Sa construction paraît remonter au XIIIe ou au XIVe siècle. Rien n'est plus gracieux que de voir les charmants

Ph. L. B.

90. LA BOULANGERIE.

oiseaux s'ébrouer et se désaltérer sur les bords d'une grande vasque voisine, aux eaux débordantes, et comme se plaît à le dire le propriétaire de l'abbaye : « Si la fontaine est moderne, la race des ramiers est celle du temps des moines. » La partie centrale du petit bâtiment annexé au colombier est seule ancienne.

LOGEMENT DES ABBÉS COMMENDATAIRES

Le pavillon situé à l'est du cloître, près du colombier, a dû être construit dans la première moitié du XVIIIe siècle et servait d'habitation aux abbés commendataires qui ne séjournaient que rarement à Fontenay. Sa construction n'offre pas un intérêt spécial.

Ph. L. Bégule.

LA FORGE

LA FORGE

De tout temps, les monastères avaient pour principe de se suffire, sans être obligés d'aller chercher au dehors les produits industriels qui pouvaient

Ph. L. B.

91. PREMIÈRE SALLE DE LA FORGE.

leur être nécessaires, ainsi que l'ordonnait, dès le VIe siècle, la règle de saint Benoît.

Saint Bernard avait donné aux ateliers de Clairvaux une grande importance et Dom Martène, dans la description qu'il fait de l'abbaye, mentionne les travaux des frères convers et la merveilleuse organisation des tanneries.

A Fontenay, en plus de l'importante exploitation des nombreuses fermes et métairies, confiées aux frères convers, il est certain que la communauté devait pratiquer la plupart des industries indispensables à la construction et aux usages domestiques. Un grand bâtiment, élevé à la fin du XIIe siècle et connu de tout temps sous la dénomination de « Forge », permettait à l'abbaye d'ouvrer sur place toutes les pièces de fer qui pouvaient lui être nécessaires et probablement aussi d'en fournir aux communautés voisines. C'était une véritable usine, située en dehors des bâtiments réguliers, sur le bord de la rivière canalisée, dont les eaux faisaient mouvoir des roues hydrauliques actionnant les martinets et la soufflerie des cubilots.

L'édifice, long de 53 mètres, large de 13m50, terminé aux extrémités par deux pignons, est renforcé par une série de contreforts à double étage répartis sur les quatre faces. Il comprend quatre salles séparées par des murs de refend.

La première, à l'ouest, est recouverte de quatre voûtes d'ogives, dont les

92. LA FORGE.
(Au moment de la démolition des bâtiments de la papeterie.)

nervures reposent le long des murs sur des culots et retombent en faisceau sur une colonne centrale (fig. 91).

Deux grands arcs communiquaient avec la salle suivante, dont la voûte conique et construite sur arcs d'ogives, aujourd'hui démolie, s'élevait jusqu'au sommet de l'édifice et devait être terminée par un lanternon afin de faciliter la ventilation. Actuellement, un plancher la divise dans sa hauteur, mais nous espérons qu'elle ne tardera pas à reprendre sa forme primitive. C'était la forge proprement dite. On reconnaît en effet, dans la paroi qui longe le canal, les traces des deux fourneaux, dont les larges cheminées traversaient le mur au-dessous de l'arc formeret de la voûte et débouchaient au dehors. Les amorces des hottes sont encore très visibles[1].

[1] Une autre abbaye bourguignonne, celle de Pontigny, exploitait des mines en 1449 et avait une forge en activité (Enlart, *Manuel d'Archéologie française*, II, p. 220).

ABBAYE DE FONTENAY

Arlia sc. Ph. L. Bégule.

LA FORGE (SALLE PRINCIPALE).

La troisième salle, qui est la plus vaste, est recouverte de dix voûtes d'ogives (fig. 93). Les nervures, les doubleaux et les formerets en tiers-points, dont les arêtes sont simplement abattues, s'appuient sur des culs-de-lampe, en forme de cône renversé, engagés dans le mur. Ces faisceaux de nervures retombent sur deux colonnes isolées, trapues et couronnées de chapiteaux à feuilles lancéolées;

Ph. L. B.

93. Salle principale du batiment de la forge.

trois fenêtres en plein cintre sur la rivière et deux sur la paroi opposée, à droite et à gauche d'une porte, distribuent une abondante lumière. Cette salle, aussi bien par la disposition de ses voûtes que par les autres détails de sa construction, offre une similitude complète avec le cellier de Noirlac[1].

La dernière salle, recouverte de quatre voûtes d'ogives, est éclairée par deux vastes baies du côté sud; c'est là que, probablement, se trouvait le moulin

[1] Cf. Lefèvre-Pontalis, « l'Abbaye de Noirlac » (*Bulletin Monumental*, 1901).

à farine, dont les roues motrices devaient être renfermées dans une petite construction latérale, portée sur des arches qui existent encore, à cheval sur le cours d'eau. Au-dessus des voûtes de la forge, de vastes pièces servaient de magasin, largement éclairées par de nombreuses fenêtres en plein cintre.

L'abbaye devait encore posséder d'autres dépendances telles que les logements des artisans et des serviteurs, les granges [1], les étables, les écuries, des ateliers de foulons [2], le moulin à huile, la tuilerie, la buanderie, le cellier pour les provisions destinées aux aumônes par le frère portier. Une autre hôtellerie pour les ecclésiastiques s'élevait très probablement, suivant l'usage, à proximité des bâtiments réguliers. De ces constructions secondaires, il ne reste pas de traces.

Non loin de l'entrée du monastère, mais en dehors de l'enceinte, se trouvait un édifice à l'usage des ducs de Bourgogne, où ces derniers venaient parfois se livrer au plaisir de la chasse, « se délasser de leurs affaires et s'édifier à l'exemple des religieux [3] ». La pièce de procédure mentionnée page 60 nous apprend que l'ancien bâtiment appelé *grenier des ducs de Bourgogne* était, en 1750, en si mauvais état, que la pluie inondait les voûtes tombant de vétusté. Les tuiles durent en être descendues pour être employées à la réparation du couvert de l'église, parce que depuis longtemps on n'en fabriquait plus de cette espèce dans le pays. De la résidence et des granges, on ne saurait trouver de vestiges ; il est même impossible d'indiquer leur emplacement.

Quelques débris de murailles, qui couronnent la hauteur au midi de l'abbaye, sont les seuls restes du château que l'évêque Ebrard s'était fait construire en arrivant à Fontenay. Au-dessous du château, sur le bord de la route, les anciens plans de l'abbaye indiquent une petite chapelle, sous le vocable de saint Laurent, mais dont on ne connaît pas la date de construction.

[1] Les abbayes cisterciennes possédaient souvent des métairies, des celliers, des granges en dehors du domaine, et qui étaient parfois de véritables colonies agricoles. Une grange dépendant de Fontenay se trouvait à Poiseul-la-Grange, village de la Côte-d'Or. Cf. Henri Chabeuf, *Voyage d'un délégué suisse au Chapitre général de Cîteaux en 1667*, Dijon, 1885, p. 28.

[2] Un pré, dans la vallée, porte encore le nom de pré « du Foulon ».

[3] Dom Martène, ouvrage cité, p. 150.

*
* *

Le domaine de Fontenay, sans cesse agrandi, était devenu considérable, comprenant des bois, des terres arables, des vergers, des prairies et des cours d'eau arrosant les deux vallées.

Le vallon Saint-Bernard, dans la direction du nord-est, bordé de bois de

Ph. L. B.

94. Tour du Guet. — Vallée de Fontenay.

chênes et de hêtres, aboutit à l'ancien ermitage, berceau de l'abbaye naissante. Ses ruines, à peine reconnaissables, envahies par les lierres et les viornes, se reflètent dans les eaux d'un étang abrité sous les aulnes (fig. 2).

La profonde et riante vallée, qui serpente de l'orient à l'occident, et qui porte le nom de « combe Saint-Laurent », en souvenir de l'ancienne chapelle, donne naissance à la petite rivière de Fontenay qui l'arrose en coulant doucement au milieu des prairies et des bois. Ce cours d'eau alimente deux étangs particulièrement pittoresques, dans un paysage enchanteur : la « Fontaine de l'Orme et » l'étang de « la Roche », non loin duquel s'élève la « tour du guet », construite, dit-on, pour la surveillance de la pêche. En effet, les truites saumonées qui se jouent dans les eaux transparentes du ruisseau de Fontenay, dont la pêche appartenait exclusivement aux moines depuis le XIIIe siècle, étaient l'orgueil du couvent. Les rois de France, les ducs de Bourgogne ne dédaignaient pas de se les faire présenter ; Buffon et ses hôtes de Montbard les goûtaient très particulièrement et, aujourd'hui, la truite est toujours le plat d'honneur de la table hospitalière de Fontenay.

La rivière, après avoir pénétré dans l'enceinte de l'abbaye, longe le bâtiment de la Forge, retombe en une grande nappe dans le vaste bassin d'un château d'eau et de là va se perdre dans la Braine, au sud de Montbard.

Enfin, tout auprès de l'entrée du monastère, enfoui dans la verdure, sous l'ombre des frênes et des grands ormes se cache le petit édicule de la modeste, mais si poétique fontaine « ferrée », ainsi dénommée de tout temps, en raison des solides volets qui en ferment l'ouverture. C'est cette source, aux eaux limpides, d'une exceptionnelle pureté qui, depuis l'origine, alimente d'eau potable tous les services de l'abbaye.

Ph. L. B.

95. FONTAINE FERRÉE.

Ph. L. Bégule.

ÉTANG DE LA FONTAINE DE L'ORME

FONTENAY

ET

L'ARCHITECTURE CISTERCIENNE[1]

96. Sceau du Chapitre général[2].

La description détaillée de l'ancienne abbaye de Fontenay, qui a été donnée ici pour la première fois, les images mêmes qui en montrent sous tous ses aspects la sévère beauté ne peuvent donner qu'une idée incomplète de l'intérêt que présente un édifice aussi ancien et aussi intact pour l'histoire de l'architecture monastique. L'Ordre cistercien a donné aux édifices dans lesquels se sont exprimés sa règle et son esprit des formes bourguignonnes ; l'expansion de l'Ordre a répété ces formes à l'étranger et très loin de la Bourgogne. Déjà saint Bernard avait envoyé un moine de Clairvaux, Geoffroy d'Ainai, en Angleterre, et Frère Achard en Allemagne, pour diriger des constructions.

Dans tout le cours du XIIe siècle, les frères convers qui étaient les ouvriers de l'Art cistercien, les *conversi barbati*, voyageaient d'un royaume à l'autre. Les chapitres annuels, qui amenaient à Cîteaux les abbés des monastères les plus éloignés,

[1] C'est un agréable devoir pour nous de mentionner le précieux concours que M. Emile Bertaux, professeur d'Histoire de l'Art moderne à la Faculté des lettres de Lyon, qui s'est fait une spécialité des études d' « Art comparé », a bien voulu nous apporter pour la rédaction de ce chapitre d'histoire internationale de l'Art, dont l'ensemble n'avait été traité jusqu'ici que dans des ouvrages étrangers, tels que la grande *Histoire de l'Architecture religieuse*, de Dehio et von Bezold, t. I, chap. XIII, p. 518-540.

[2] Ce sceau, qui remonte au XIVe siècle, est le sceau des « définiteurs », assesseurs du général. Il porte en exergue la légende : SIGILLUM DIFFINITORUM CAPITULI GENERALIS CISTERCIENSIS ORDINIS. L'image que porte le sceau représente l'Ordre de Citeaux abrité, dans le ciel, sous le manteau de Marie, reine des élus et dame de Saint-Bernard. L'Ordre est ici figuré par l'assemblée capitulaire des abbés, tenant la crosse. C'est la plus ancienne représentation connue de la vision d'un moine de Citeaux, *monachus quidam,* rapportée vers 1235 par Césaire d'Heisterbach, dans son *Dialogus Miraculorum*. La vision figurée sur les sceaux cisterciens fut revendiquée par d'autres ordres. Elle a donné à l'art chrétien un thème qui, en se développant, est devenu le motif de la *Vierge de Miséricorde* (voir sur ce motif la savante étude de P. Perdrizet, Fontemoing, 1908). — La gravure du sceau nous a été obligeamment communiquée par M. H. Chabeuf, de Dijon.

remettaient sous les yeux des étrangers qui portaient l'habit cistercien les modèles des maisons mères. Ainsi l'architecture participa dans toutes les provinces de l'Ordre de l'uniformité de l'habit monastique.

Or, alors qu'en France les restes des grands monuments cisterciens du XIIe siècle sont rares, certains de ces monuments se sont conservés à l'étranger aussi purement que l'abbaye de Fontenay. L'histoire artistique de cette abbaye ne peut s'achever sans un voyage rapide à travers l'architecture cistercienne. Ce voyage, qui doit faire le tour d'une moitié de l'Europe, prendra son point de départ dans le passé qui a disparu et dont il est nécessaire de chercher les traces dans les documents qui seuls conservent les plans et les silhouettes des maisons illustrées par la présence de saint Bernard. C'est au prix de ce voyage que nous pourrons faire à Fontenay sa place dans l'histoire de l'architecture, en déterminant, dans la mesure du possible, les origines des formes artistiques que nous avons rencontrées dans l'abbaye et en suivant les imitations qui en ont été faites de monastère à monastère. Pour mener à bien cette étude en quelques pages, il convient d'analyser d'abord les bâtiments monastiques, dont le plan devait rester peu variable, puis les églises, qui devaient se prêter à des remaniements à travers lesquels il est parfois difficile de retrouver l'état primitif.

Ph. C. Enlart.

97. Cellier de l'abbaye de Vaucler.
(Le cellier formait tout le rez-de-chaussée de ce vaste bâtiment, long de 80 mètres, et le dortoir des frères lais occupait la salle supérieure.)

LES BATIMENTS MONASTIQUES

LES PREMIÈRES ABBAYES CISTERCIENNES

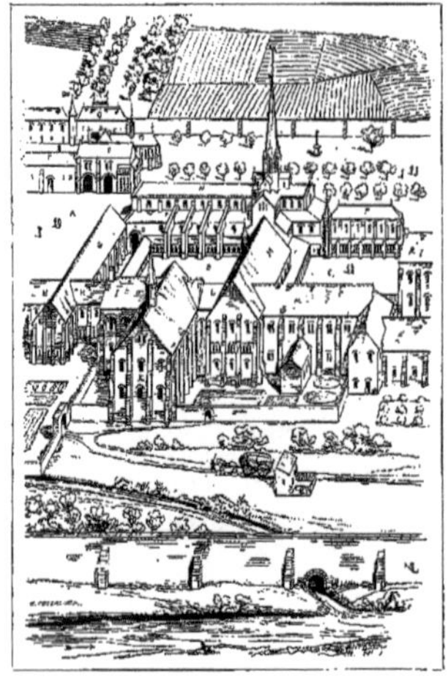

98. Reconstitution de l'abbaye de Citeaux par Viollet-le-Duc.

Citeaux. — De l'abbaye de Cîteaux, berceau de la grande famille cistercienne (1098), on ne retrouve plus guère que des bâtiments complètement modifiés au XVIIIe siècle et qui ne sauraient donner une idée du plan primitif. Ce plan nous a été fidèlement conservé par des descriptions et d'anciens dessins, très fidèlement exécutés de 1718 à 1723 par un moine de Cîteaux, F. Etienne Prinstet. Ces dessins, réunis en un atlas in-folio, font partie des Archives de la Côte-d'Or : c'est à l'aide de la vue cavalière (fig. 99) que Viollet-le-Duc a pu établir la reconstitution idéale des bâtiments (fig. 98) tels qu'ils devaient exister au XIIe siècle *(Dictionn. d'Architect.*, t. I, p. 271).

Autour d'une première cour s'étendaient les communs, les bâtiments de service et divers logements. Une seconde cour (A), plus vaste, à laquelle on accédait par la *porta major*, précédait les bâtiments réguliers et donnait accès à l'église par un porche rappelant celui de Pontigny. Les vues de l'atlas de Cîteaux montrent au-dessus de l'église une flèche élancée qui fut élevée au XIVe siècle, alors que les moines avaient oublié les prescriptions formelles de la Règle qui interdisait l'usage des clochers.

Dans l'église, le chœur des religieux, entouré d'une clôture fermée par un jubé, occupait le chevet et les trois travées de la nef précédant la croisée. Quinze chapelles et trente autels disposés contre les piliers permettaient à un grand nombre de religieux de célébrer la messe simultanément. Au cours des siècles, les murs de l'église s'étaient couverts de nombreux tableaux de l'école italienne, singulier oubli des austères prescriptions du saint fondateur. Mais ce qui constituait la principale richesse de l'édifice c'était les nombreux et somptueux tombeaux des princes et des ducs qui avaient fait de l'église de Cîteaux le Saint-Denis de la Bourgogne pendant deux siècles et demi et jusqu'au temps où Philippe le Hardi fonda la Chartreuse de Champmol pour sa sépulture et celle de sa race.

99. Vue cavalière de l'abbaye de Citeaux vers 1720.
(Dessin de Dom Etienne Prinstet.)

Au sud de l'église s'étendait le grand cloître (C), dit *du Silence*, dont les galeries, ainsi que la salle du Chapitre, abritaient d'innombrables sépultures d'abbés et de dignitaires ecclésiastiques. Au sud du préau s'élevait le lavabo (D), abrité sous un édicule octogonal, en face de l'entrée du réfectoire. Les bâtiments réguliers, entourant le grand cloître, comprenaient, au levant, la salle du Chapitre (E), largement ouverte sur la galerie, comme à Fontenay, par une grande porte flanquée de larges baies qui permettaient aux frères lais d'assister aux délibérations. A la suite, un passage conduisant aux autres cloîtres, le chauffoir (F) et une vaste salle de cinq travées (G). Le dortoir s'étendait sur toute la longueur du bâtiment.

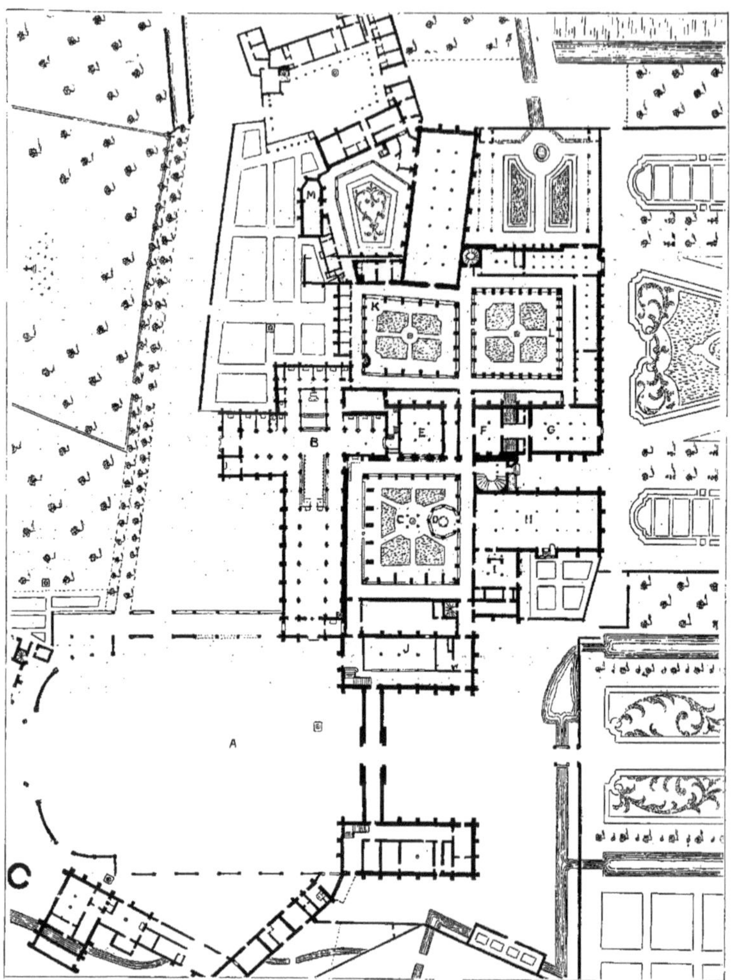

100. L'ABBAYE DE CITEAUX VERS 1720.
(D'après les dessins de Dom Étienne Prinstet, Archives de la Côte-d'Or.)

Au midi, le réfectoire (H), avec la chaire du lecteur, les cuisines (I), près d'un canal d'eau courante, et au couchant, séparé du cloître par une petite cour, un vaste bâtiment (J) à deux étages, affecté au logement des convers. Non loin de ce bâtiment se trouvaient les logis des hôtes situés en dehors de la clôture.

A Fontenay, nous retrouvons tous ces bâtiments disposés de même. Mais Cîteaux, en raison de son importance, comprenait d'autres constructions réservées aux travaux de l'esprit. A l'est, le long du principal corps de logis, voici deux autres cloîtres. L'un (K), près du chevet de l'église, est bordé de cellules au rez-de-chaussée, affectées aux travaux des copistes, surmontées d'une vaste salle de six travées servant de bibliothèque. Le troisième cloître (L) était celui des novices. Perpendiculairement s'élevait l'immense infirmerie à trois nefs de huit travées, rappelant la *Salle des Morts* d'Ourscamp. Enfin, en M, nous retrouvons la petite chapelle construite par saint Bernard, église primitive de l'abbaye. Le grand bâtiment, d'aspect somptueux, qui s'élevait au couchant, ne datait que de 1683 et, tout autour de l'abbaye, s'étendaient de vastes vergers arrosés par de nombreux canaux et des jardins dessinés à la française.

Cet imposant ensemble de constructions, modifié à partir de 1720, fut vendu à la Révolution pour 862.000 livres, et aujourd'hui Cîteaux, transformé en colonie pénitentiaire, ne conserve plus de son ancienne splendeur que quelques rares débris de la fin du XIVe siècle.

LA FERTÉ[1]. — La plus ancienne des quatre filles de Cîteaux, l'abbaye de la Ferté-sur-Grosne *(Firmitas)*, fondée en 1113, a été détruite de fond en comble et il n'en reste que le logis abbatial élevé au XVIIe siècle.

Le monastère, défendu par un mur d'enceinte, fortifié de tours, était presque entièrement entouré par des cours d'eau. L'église, de sept travées, précédée d'un porche, avait un long transept, renfermant quatre chapelles alignées dans chaque bras de croix, et un chevet carré, semblable à celui de Fontenay. A la suite du croisillon méridional, mis en communication avec le dortoir par un escalier, s'étendaient la sacristie, la salle capitulaire et le parloir (D). Perpendiculairement au

[1] Nous donnons le plan de la Ferté d'après les dessins tirés des archives du monastère par les Frères Léopold Fink et P. Bonaventure Stürger *(Cisterzienser Chronik*, 1895, p. 222 et s.), et reproduits par A. Holtmeyer, *Cisterzienserkirchen Thüringens, ein Beitrag zur Kenntnis der Ordensbauweise*, Iena, Gustav Fischer, 1906.

cloître se trouvaient le chauffoir (E), le réfectoire et la cuisine. Enfin, à la place du grand cellier, on éleva au XVIIe siècle, les spacieux bâtiments du logis abbatial (L).

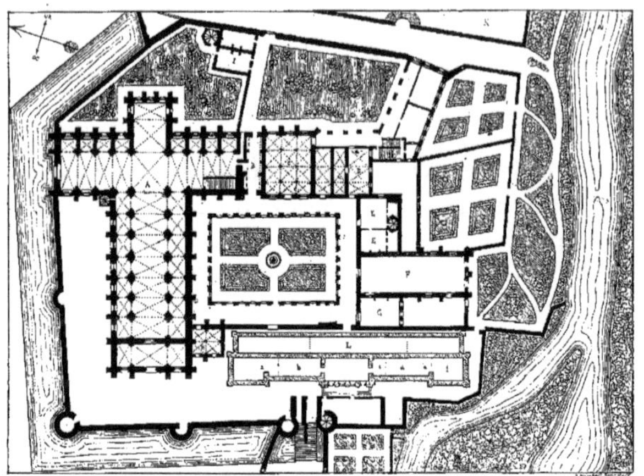

101. PLAN D'ENSEMBLE DE L'ABBAYE DE LA FERTÉ.

CLAIRVAUX. — Le vaste ensemble de Clairvaux *(Clara Vallis)*, fondé en 1115, dans la vallée de l'Absinthe, s'inspira directement de celui de Cîteaux. Il reste peu de chose des bâtiments anciens, mais, comme pour Cîteaux, des plans très détaillés et très exacts, relevés par Dom Milley en 1708, complétés par d'anciennes et nombreuses descriptions [1], permettent de reconstituer intégralement le monastère où vivait la mémoire de saint Bernard.

Clairvaux était tout à la fois une exploitation agricole, un centre de vie religieuse et intellectuelle et une petite cité laborieuse où toutes les industries étaient exercées. Aussi le mur d'enceinte entourant l'abbaye et toutes ses dépendances, traversées par un bras dérivé de l'Aube, s'étendait-il sur une longueur de plus de trois kilomètres. Il enfermait, outre les bâtiments réguliers et le monastère

[1] *Voyage d'un délégué suisse* (Dom Meglinger, religieux de l'abbaye de Wettingen) *au chapitre général de Cîteaux, en 1667*, publié par H. Chabeuf, Dijon, 1885. — Dom Martène (mort en 1729) et Dom Durand, *Voyage littéraire de deux religieux bénédictins*. — *Relation d'un voyage de la reine de Sicile à Clairvaux en 1517*. (Voir *Annales archéologiques*, III, p. 228, etc.)

primitif habité par saint Bernard, toute une agglomération de logements d'artisans, de granges, de celliers et d'ateliers divers, tels que : moulins à huile et à froment, foulons pour la confection du drap, mus par le cours d'eau, des forges, une tannerie importante, une tuilerie, une brasserie, des caves à bière, des pressoirs, etc. Au dire de Meglinger, on y trouvait même, dans un siècle où la Règle était devenue lettre morte, « des peintres et des sculpteurs habiles dans leur art ». Le monastère

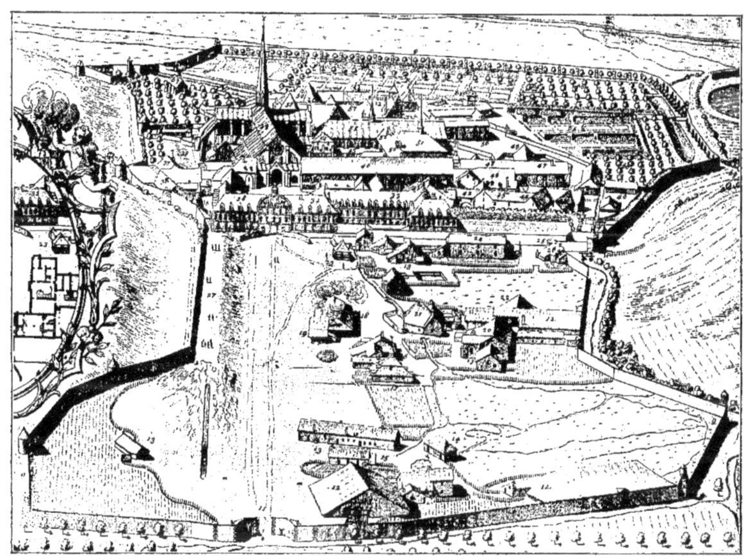

102. CLAIRVAUX EN 1708. (D'après Dom Milley.)

Légende du plan de Clairvaux. — 1, l'Église terminée à l'abside par neuf chapelles ; 2, cloître régulier ; 3, lavabo ; 4, sacristie ; 5, petite bibliothèque *(armarium claustri)* ; 6, salle capitulaire ; 7, petit parloir ; 8, escalier du dortoir ; 9, grande salle ; 10, chauffoir ; 11, réfectoire ; 12, cuisines ; 13, cellier ; 14, petit cloître et son lavabo ; 15, école de théologie ; 16, cellules des copistes ; 17, salle de conférences, *thesium propugnandarum aula* ; 18, l'infirmerie et ses dépendances ; 19, infirmerie des vieillards ; 20, salle des morts ; 21, chapelle des comtes de Flandre ; 22, salle réservée à l'abbé ; 23, noviciat ; 24, cellule, chapelle et jardin de saint Bernard ; 25, piscines ; 26, logement des frères convers ; 27, tanneries, foulons ; 28, moulin à huile et à farine ; 29, scierie ; 30, boulangerie ; 31, 31 *bis*, grandes caves et greniers à foin ; 32, écuries ; 33, logement de l'abbé ; 34, logement des hôtes ; 35, entrée du monastère ; 36, vergers et potagers ; 37, ancien logis abbatial ; 38, entrée primitive du temps de saint Bernard ; 39, ancien logis des étrangers.

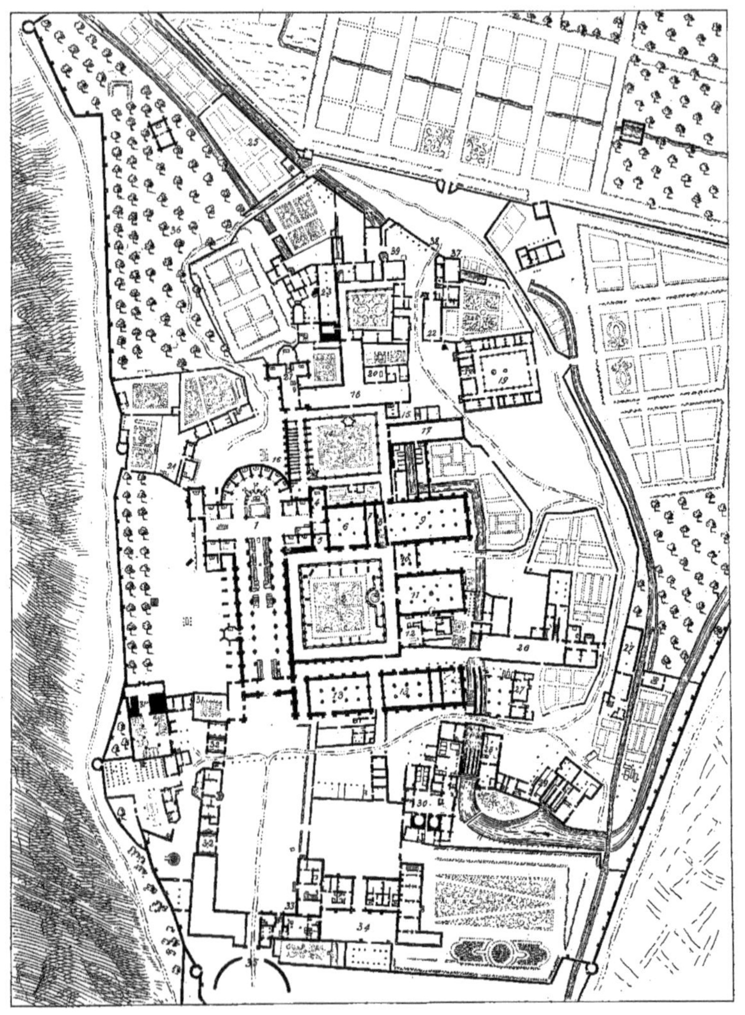

103. L'ABBAYE DE CLAIRVAUX EN 1708.
(D'après Dom Milley.)

était donc en mesure de se fournir par lui-même de tout ce qui lui était nécessaire. Toutes ces constructions se reconnaissent aisément sur les plans de Dom Milley, que nous reproduisons d'après les originaux conservés à la Bibliothèque de Troyes.

Dans l'église se trouvait, derrière le maître autel, le tombeau de saint Bernard, érigé en 1178, vingt-cinq ans après la mort du saint, et dans l'une des chapelles absidales reposait la bienheureuse Aleth de Montbard, mère de saint Bernard, morte en 1115 et transportée à Clairvaux en 1250. Le chœur des profès, disposé comme à Fontenay, comprenait aux débuts de l'Ordre, cent trente-huit stalles à l'intérieur de la clôture du sanctuaire et des trois premières travées de la nef. En dehors du jubé, dans le reste de la nef, se trouvaient les sièges réservés aux convers qui, affectés principalement aux travaux des champs et des ateliers, formaient un couvent distinct, tout en étant soumis aux exigences de la règle.

Les autres bâtiments réguliers, comme l'indiquent les légendes du plan, rappellent de très près ceux de Cîteaux. L'édicule du lavabo du grand cloître offrait cette particularité d'être accompagné, à droite et à gauche, d'une sorte de portique ouvert formant un dégagement commode. Le cellier, qui existe encore, était situé perpendiculairement à l'église, à l'ouest du cloître, suivant la disposition à peu près invariable du plan cistercien. Divisé en trois nefs par deux rangs de robustes piliers, il a plus de soixante-dix mètres de long et servait aussi de grenier à blé.

De nombreux religieux, en dehors des travaux agricoles, s'adonnaient aux travaux intellectuels, aux études théologiques et à la copie des manuscrits. Aussi retrouvons-nous, de même qu'à Cîteaux, à l'est des bâtiments réguliers, le long du petit cloître, renfermant une fontaine lavabo, les cellules des copistes, *cellulæ scriptoriæ*, surmontées d'une grande salle servant de bibliothèque, d'école, ou plutôt de lieu de réunion pour les conférences théologiques : *thesium propugnandarum aula*.

Au XVIIIe siècle, le superbe ensemble qui avait soulevé l'admiration de Meglinger et des deux auteurs du *Voyage littéraire* subit de lamentables transformations dans le goût de l'époque. Après la vente nationale de 1791, les bâtiments disparurent successivement dans le naufrage révolutionnaire, et en 1812 l'immense église n'était plus qu'une ruine. Aujourd'hui, il n'en reste pas de traces. L'abbaye de Clairvaux est devenue une maison centrale de détention, et seul le grand cellier, utilisé comme atelier, atteste l'ancienne splendeur de la troisième fille de Cîteaux, qui fut mère de tout un peuple de monastères.

VALLÉE DE FONTENAY

Ph. L. Bégule.

ÉTANG DE LA ROCHE

LES ABBAYES FRANÇAISES AU DOUZIÈME SIÈCLE

Les abbayes issues des filles de Cîteaux, élevées en France dans le courant du XIIe siècle, sont innombrables. Parmi les mieux conservées il suffira de mentionner quelques-unes des plus caractéristiques.

NOIRLAC. — De toutes les abbayes françaises c'est l'abbaye de Noirlac (Cher) qui répète le plus fidèlement le plan de Fontenay. Le plan que nous donnons d'après le relevé de M. Lefèvre-Pontalis[1] (fig. 104) explique assez clairement les différents bâtiments pour que nous n'ayons pas à les énumérer.

Fondée en 1150 par l'abbé Robert, neveu de saint Bernard, l'abbaye

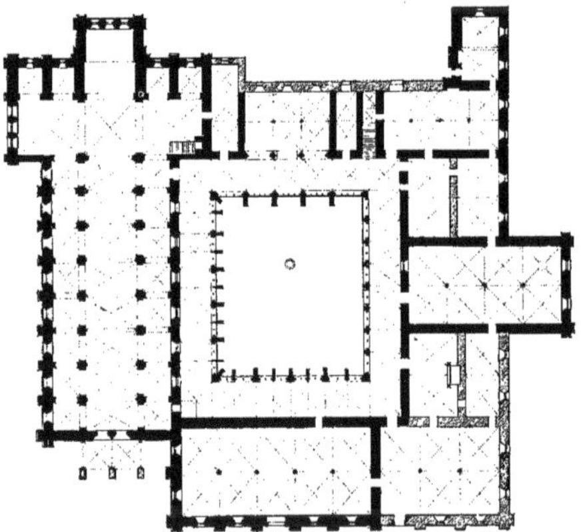

104. PLAN GÉNÉRAL DE L'ABBAYE DE NOIRLAC.

s'éleva lentement ; la salle capitulaire et l'église sont seules du XIIe siècle. Certaines parties de l'église, comme la façade et les bas côtés, ne furent terminées qu'au XIIIe siècle, époque de la construction du réfectoire, du cellier, du chauffoir et du cloître dont la galerie de l'est fut rebâtie au commencement du XIVe siècle.

[1] Lefèvre-Pontalis, *l'Abbaye de Noirlac* (extrait du *Compte rendu du LXVe Congrès Archéologique de France*, tenu en 1898 à Bourges).

Ph. L. B.

105. CHEVET DE L'ÉGLISE DE L'ABBAYE DE NOIRLAC.

Ph. L. B.

106. TRANSEPT DE L'ÉGLISE DE L'ABBAYE DE NOIRLAC.

Les Abbayes de Provence. — Dès le milieu du XIIe siècle, la Provence, grâce à l'apostolat de saint Bernard et à la munificence de puissants seigneurs, vit s'élever trois importantes abbayes : le Thoronet, diocèse de Fréjus (Var), 1146 ; Silvacane, fille de Morimond, diocèse d'Aix (Bouches-du-Rhône), 1147, et Sénanque, ancien diocèse de Cavaillon (Vaucluse), 1148.

Ces trois abbayes portent communément le nom des *trois sœurs provençales*, non seulement parce qu'elles sont à peu près contemporaines, mais surtout à cause de la conformité de leurs plans et de leurs églises en particulier.

Et cependant chacune d'elles a sa physionomie propre et accuse dans les détails de la construction, toujours noble et sévère, des caractères distincts. Il suffira d'en présenter le plan et d'en marquer les traits les plus typiques.

LE THORONET. — Situé dans un vallon du Var, sauvage et isolé au nord du Luc, où la végétation, comme le sol, est empourprée des poussières des nombreuses

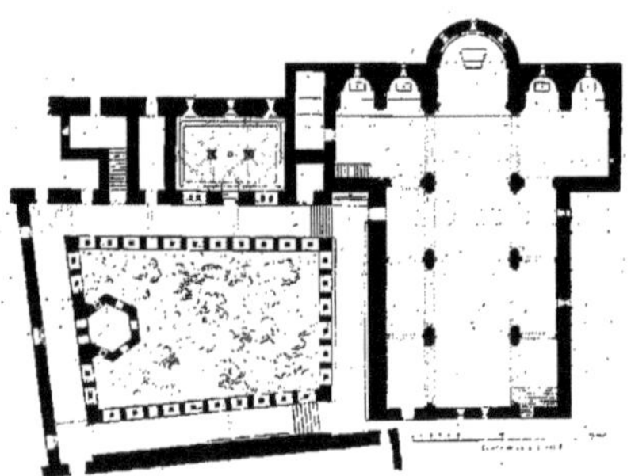

107. PLAN DE L'ABBAYE DU THORONET.
(D'après H. Révoil, *Architecture romane du midi de la France.*)

mines de bauxite, le monastère fut érigé sur un terrain cédé aux religieux de Cîteaux par le comte de Provence, Raymond Bérenger. L'ensemble des constructions, dont l'austérité est poussée jusqu'à la nudité absolue, d'un aspect à la fois monastique et militaire, traduit, mieux que tout autre édifice, l'intransigeante rigidité de la règle cistercienne.

Parmi les bâtiments claustraux, aujourd'hui incomplets, il faut mentionner la belle salle capitulaire (fig. 108) dont la voûte repose sur de massives colonnes, aux chapiteaux ornés seulement de feuilles d'eau, de crosses abbatiales croisées comme

Ph. L. B.

108. Salle capitulaire de l'abbaye du Thoronet.

des épées et d'une main tenant la crosse ; ce sont des symboles de l'autorité souveraine exercée par l'abbé. La salle capitulaire s'ouvre sur le cloître par une porte accompagnée de larges baies ; à l'étage supérieur s'étend une vaste salle d'aspect monumental, sans subdivisions, et recouverte d'une haute voûte en berceau soutenue par de robustes arcs doubleaux : c'était le dortoir des religieux.

Le cloître, dans un parfait état de conservation, a la forme d'un trapèze et possède encore l'édicule hexagonal de son lavabo (fig. 31). Les galeries aux voûtes pesantes et basses, éclairées par des arcades géminées, que séparent des piliers massifs et trapus, ont un caractère de puissante simplicité.

L'église, dont le plan sera étudié dans les pages suivantes, est très en contrebas. Elle comprend une nef voûtée en berceau brisé, et deux collatéraux de trois travées seulement, un transept, quatre chapelles au levant qui ont conservé leurs anciens autels composés de simples massifs de maçonnerie et une abside demi-circulaire. La sculpture des chapiteaux est aussi rudimentaire que celle de Fontenay. La façade, d'une grande simplicité, n'a pas de portail central, mais seulement deux petites portes ouvrant sur les collatéraux. Au-dessus de la croisée du transept s'élève un clocher carré surmonté d'une flèche en pierre, de forme pyramidale.

Ph. L. B.

109. Cloitre de l'abbaye du Thoronet.

SILVACANE. — Au pied d'un coteau de la vallée arrosée par la Durance et autrefois couverte de marécages, se dressent, non loin de Cadenet, les restes de

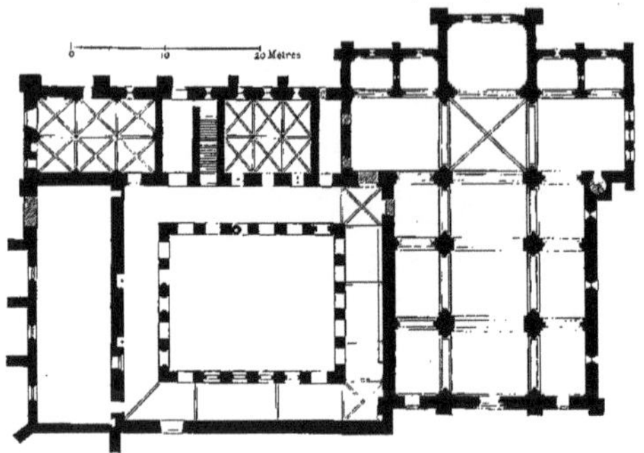

110. PLAN DE L'ABBAYE DE SILVACANE.

la vieille et riche abbaye de Silvacane (*Sylva cannarum*, la forêt des roseaux). Sa situation dans une vallée largement ouverte est une dérogation aux statuts de l'Ordre, autorisée par saint Bernard lui-même en faveur des princes des Baux qui furent les protecteurs de l'abbaye naissante.

« L'abbaye est maintenant une ferme. L'aire du cloître sert de basse-cour. Les belles

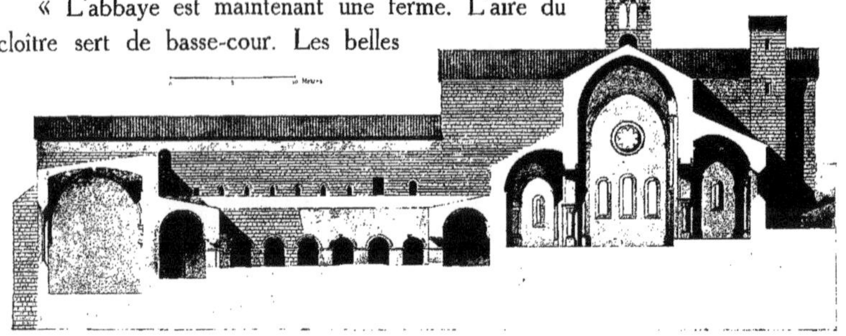

111. COUPE TRANSVERSALE DE L'ABBAYE DE SILVACANE.
(Archives des Monuments Historiques.)

galeries mi-romanes, mi-gothiques, sont encombrées de charrettes. Les colonnettes ont disparu. Les meneaux en trilobe ont été brisés. Des vestiges de sculpture décorent encore quelques piliers. La salle capitulaire, dont la voûte élégante repose sur deux exquises colonnes, l'une torse, l'autre cannelée, a été transformée en écurie ; le sol en est relevé à la hauteur des bancs de pierre où s'asseyaient les religieux. Dans un merveilleux réfectoire ogival, qui est devenu un grenier à foin, les consoles sur lesquelles retombent les voûtes présentent encore quelques ornements d'une grâce incomparable. Et c'est tout ce qui reste des bâtiments conventuels [1]. »

Seule l'église a miraculeusement résisté aux destructions du temps et des hommes. Elle est plus vaste que celle du Thoronet, mais toute sa beauté réside dans la parfaite harmonie de ses proportions. Comme ses deux autres sœurs provençales elle ne montre aux chapiteaux des piliers de sa nef qu'une ornementation sculptée rudimentaire. La façade occidentale, dans ses grandes lignes, rappelle de très près celle de Fontenay (fig. 112), sauf dans la partie supérieure qui n'est occupée que par un large oculus. Les toitures, supportées par des corniches reposant sur des modillons très simples, étaient encore recouvertes, il y a peu d'années, de grandes

Ph. L. B.

112. Façade de l'église de l'abbaye de Silvacane.

dalles de pierre remontant à l'origine de l'édifice. La croisée du transept était surmontée d'un clocher plus moderne, dont il ne reste que la base carrée, percée de fenêtres accouplées.

[1] André Hallays, « Silvacanne » (*Gaulois du Dimanche*, 6 mai 1911).

SÉNANQUE. — L'abbaye de Sénanque *(Sana Aqua)*, fondée en 1148, est située à peu de distance de la pittoresque petite ville de Gordes, au fond d'une vallée profonde, étroite et solitaire, que dominent de hautes montagnes. C'est l'une

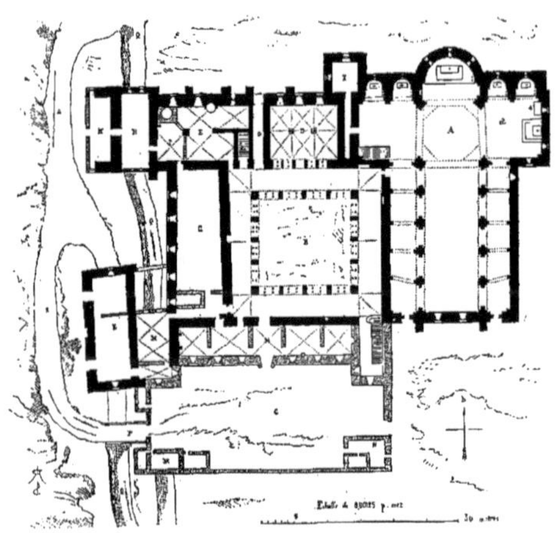

113. PLAN DE L'ABBAYE DE SÉNANQUE.
(D'après H. Révoil, *Architecture romane du midi de la France.*)

des mieux conservées de France et l'une des plus caractéristiques du plan cistercien, bien que les bâtiments réguliers aient dû être reportés à gauche de l'église, comme d'ailleurs dans les deux abbayes précédentes, en raison de la situation du cours d'eau et du voisinage immédiat de la montagne.

L'église, dont la nef est voûtée en un long berceau, est terminée par une abside en hémicycle, mais les quatre chapelles du transept, également de forme demi-circulaire à l'intérieur, se terminent à l'extérieur par un mur droit. Ces chapelles ont conservé leurs anciens autels formés de simples cubes de pierre.

La croisée du transept est recouverte d'une coupole soutenue par des pendentifs et surmontée d'un clocher carré. Cette particularité est assez rare en France, où on la retrouve cependant à Obasine et à Beaulieu (de même qu'à Fossanova, en Italie).

Le voisinage du torrent a obligé de construire le réfectoire parallèlement au cloître, et le chauffoir, qui a conservé sa cheminée monumentale (fig. 43), se trouve à la suite de la salle capitulaire.

Le cloître, moins lourd, moins écrasé que celui du Thoronet, est exceptionnellement élégant pour un cloître de Cîteaux. Il est soutenu par des colonnettes accouplées, surmontées de chapiteaux d'une grande variété de feuillages et de crochets, et le préau, converti en jardin, est envahi par les rosiers sauvages dont les tiges fleuries se marient de la plus heureuse façon aux végétations sculptées (fig. 115-116).

Ph. L. B.

114. Dortoir de l'abbaye de Sénanque.

Au-dessus du réfectoire et de la salle capitulaire s'étend le dortoir, vaste salle, dans un parfait état de conservation, recouverte d'une longue voûte en berceau brisé, sectionnée par des doubleaux de profil carré (fig. 114). La disposition de ce dortoir, qui ne semble pas avoir jamais été subdivisé en cellules, comme cela arriva presque partout, à partir du milieu du XIIIe siècle, réalise bien le type établi au début de l'Ordre, où les religieux devaient coucher en commun et tout habillés, dans de grandes salles, sur des paillasses de jonc, séparés les uns des autres par de simples cloisons basses.

115-116. Cloitre de l'abbaye de Sénanque.

LES ABBAYES DE CITEAUX A L'ÉTRANGER

VILLERS-EN-BRABANT. — Parmi les nombreuses abbayes de Flandre et de Brabant, celle de Villers était l'une des plus considérables, et la stricte observance de la règle cistercienne lui avait valu le titre de Villers-la-Sainte.

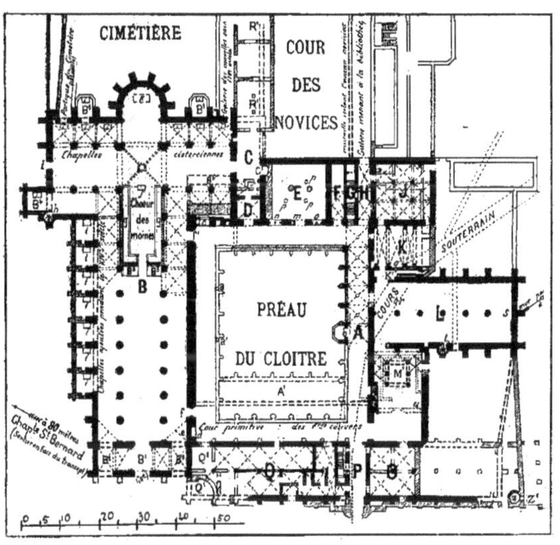

117. PLAN DE L'ABBAYE DE VILLERS [1].

Fondée en 1147, mais rebâtie en grande partie et complétée en 1197, l'abbaye jouissait d'énormes revenus, et au XIIIe siècle elle comptait plus de deux cents religieux et trois cents frères convers. Actuellement, ses vastes bâtiments et dépendances sont en grande partie effondrés, mais les ruines sont toujours impo-

[1] *Légende du plan* : A, cloitre ; B, église ; C, sacristie ; D, *armarium claustri ;* E, salle capitulaire ; F, petit parloir ; G, escalier du dortoir ; H, passage ; J, salle de travail des religieux ; K, chauffoir ; L, réfectoire ; M, cuisine ; O, magasin de provisions ; P, entrée du passage du cloître ; Q, cellier.

santes. Aujourd'hui, propriété de l'Etat, de très importants travaux de consolidation, entrepris en 1896 à l'initiative du gouvernement belge, en assurent la conservation. Le plan (fig. 117), d'après celui de M. Licot, architecte des monuments historiques belges, publié par M. G. Boulmont[1], montre que les bâtiments réguliers furent établis rigoureusement suivant la constitution de Cîteaux.

*
* *

Abbayes anglaises. — La plupart des nombreuses abbayes cisterciennes anglaises, presque toutes en ruines, mais si pittoresques, si majestueuses encore au milieu des verdures, ont gardé fidèlement dans leur plan les traditions du saint fondateur de l'Ordre, telles : Kirkstall, Roche (Yorkshire), Furness (Lancashire), etc.

FOUNTAINS ABBEY. — L'une des plus importantes par l'étendue et le nombre de ses constructions est Fountains, dans le Yorkshire. Fondé en 1132, le monastère avait rapidement pris une extension considérable, et son enceinte comprenait de nombreuses constructions en dehors des bâtiments réguliers, comme la grande infirmerie des religieux, située au midi, au-dessous de laquelle la rivière passe dans une série de tunnels, sa chapelle et ses dépendances reliées à l'église et au cloître par une galerie couverte. Au nord, près du pont donnant accès à l'entrée de l'abbaye, l'infirmerie des frères lais s'élève également au-dessus du cours d'eau, non loin des trois bâtiments réservés aux étrangers. Près de là sont la boulangerie et la brasserie.

Aujourd'hui, cette célèbre abbaye est en partie ruinée, mais ses différentes constructions, encore très reconnaissables, permettent d'en faire une complète reconstitution. L'église, dont la voûte est effondrée, avait été construite selon la coutume cistercienne, avec un chevet carré. Le nombre des religieux devenant de plus en plus considérable, l'abbé Jean d'York (1203-1211) fit réédifier un chœur de cinq travées, terminé par un grand transept oriental dit des « neuf autels », qui fut achevé par l'abbé Jean de Kent (1220-1247), ce qui donne à l'église une longueur totale de 118 mètres dans œuvre. Les collatéraux, comme à Fontenay, étaient voûtés en berceaux transversaux. La salle capitulaire, édifiée au XIIIe siècle, était recouverte de dix-huit voûtes d'ogives, dont les nervures retombaient sur deux rangs de colonnes, formant trois travées. Le réfectoire, également du XIIIe siècle,

[1] *Les Ruines de l'abbaye de Villers*, s. d., Gand et Namur.

est divisé, comme il l'était à Fontenay, en deux nefs, par une rangée centrale de quatre colonnes, et dans l'épaisseur de la paroi septentrionale on retrouve la chaire du lecteur, à laquelle on accédait par un escalier pris dans le mur. A droite et à gauche de la porte d'entrée, sous la galerie du cloître, est le lavabo, constitué par deux longues fontaines adossées à la muraille. Enfin, le cellier est dans un parfait état de conservation ; long de 93 mètres, il est, avec celui de Vauclair (Aisne) (fig. 97), l'un des plus importants que l'on connaisse et témoigne de la vie intensive de l'abbaye à l'époque de sa splendeur. Les nervures de ses voûtes, d'un profil rudimentaire, analogues à celles de la forge de Fontenay, retombent jusqu'au sol, formant par leur réunion une série de faisceaux divisant la salle en deux longues travées.

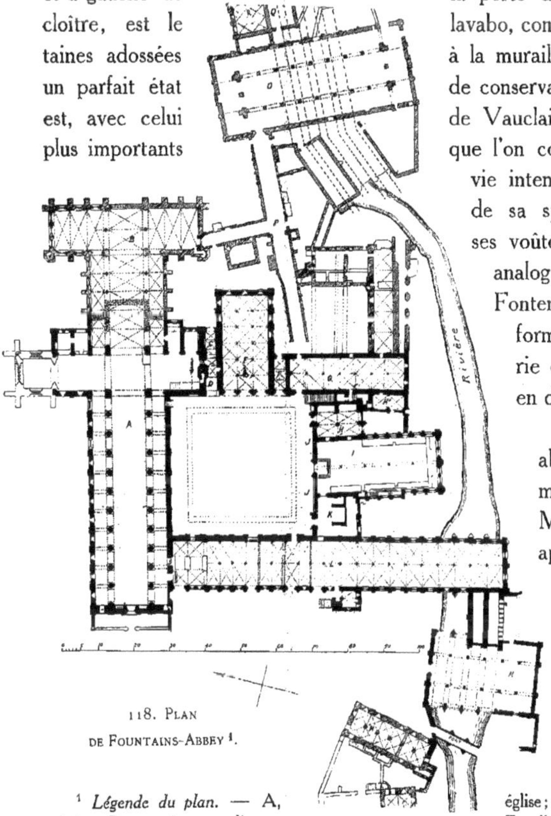

Le plan de cette belle abbaye (fig. 118), relevé de la manière la plus précise par M. Harold Brakspear, nous apporte un nouveau rapprochement avec Fontenay et permet de constater une fois de plus la continuité des traditions de l'Ordre dans les différentes parties de l'Europe [2].

118. PLAN DE FOUNTAINS-ABBEY [1].

[1] *Légende du plan.* — A, église ; B, chœur ajouté au XIIIe siècle ; C, sacristie ; D, armoire aux livres ; E, salle capitulaire ; F, parloir ; G, salle des travaux d'intérieur ; H, chauffoir ; I, réfectoire et chaire du lecteur ; J, lavabos ; K, cuisine ; L, cellier et dortoir des novices ; M, infirmerie des frères lais ; N, bâtiment des hôtes ; O, grande infirmerie des religieux ; P, galerie couverte conduisant à l'infirmerie ; Q, chapelle de l'infirmerie ; R, cellier de l'infirmerie.

[2] John Bilson, *The Architecture of Kirkstall Abbey church.* Publications of the Choresby Society, 1907. *The Architecture of the Cistercians, with special reference to some of their earlier churches in England,* London, 1909 (extrait de l'étude précédente).

*
* *

Abbayes italiennes. — L'abbaye de Fossanova, sur la voie Appienne, près de Terracine, celle de Casamari, aux confins de l'ancien Etat romain et du royaume de Naples, et celle de San Galgano, à quarante kilomètres de Sienne, sont les trois plus anciennes et les plus importantes de toutes les maisons de l'Ordre de Citeaux élevées en Italie.

Fossanova. — Le plan de l'abbaye de Fossanova[1] dont l'église fut consacrée, en 1208, par Innocent III, est la reproduction intégrale de celui de Fontenay : A, l'église, avec ses

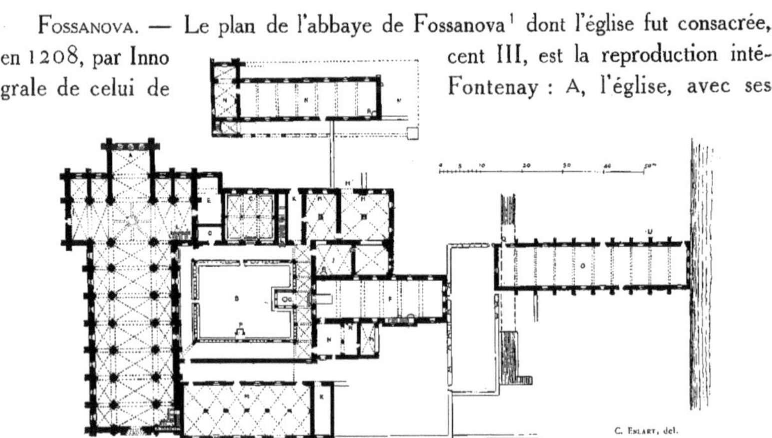

119. Plan de l'abbaye de Fossanova.

chapelles et son chœur sur plan carré, la croisée surmontée d'une coupole et d'un clocher ; B, le cloître, entouré des bâtiments réguliers ; C, la salle capitulaire ; H, la salle réservée aux travaux intérieurs, qui occupe, comme à Fontenay, l'extrémité du bâtiment oriental surmonté du dortoir ; I, le chauffoir ; F, le réfectoire et sa chaire du lecteur (fig. 44) ; G, le lavabo, sous un charmant édicule que nous reproduisons (fig. 120) d'après un cliché très obligeamment communiqué par notre ami M. C. Enlart : cette construction, surmontée d'une pyramide, abritait une vasque circulaire aujourd'hui mutilée, après avoir été transformée en une sorte de guéridon ;

[1] C. Enlart, *Origines françaises de l'architecture gothique en Italie*, p. 26.

M, le cellier aux provisions ; N, l'hôtellerie pour les ecclésiastiques, et O, l'infirmerie, soigneusement isolée, placée, comme toujours, à proximité du cours d'eau.

L'abbaye de Casamari, dans la vallée du Liri, sur la route de Frosinone et de Veroli à Subiaco, présente des dispositions à peu près identiques à celles de Fossanova. La porte d'entrée du couvent est surmontée, comme à Fontenay, du logement du frère portier et à l'intérieur de l'enceinte se trouvaient disséminées, comme à Cîteaux et à Clairvaux, toutes les dépendances nécessaires à la vie du monastère.

L'abbaye de San Galgano, dans une boucle de la Merse, est malheureusement en ruines depuis 1816. Son église monumentale, sur le plan de celle de Casamari, est encore l'un des plus beaux édifices de la Toscane.

Parmi les autres abbayes italiennes on peut citer Santa Maria d'Arbona, San Martino près Viterbe, Saint-Paul-Trois-Fontaines, non loin de Rome, Valvisciolo, les trois abbatiales qui ont italianisé le nom de Clairvaux : Chiaravalle, près de Milan, Chiaravalle della Colomba et Chiaravalle di Castagnola, le monastère de Settimo et celui de Saint-Nicolas de Girgenti (Sicile).

Ph. C. Enlart.

120. Lavabo de l'abbaye de Fossanova.

*
* *

Abbayes germaniques. — La fondation de la première colonie de Citeaux en pays germanique, Altencamp, près de Cologne, remonte à l'année 1122 — quatre ans après la fondation de l'abbaye de Fontenay. Pendant le XIIe et le XIIIe siècle, les établissements cisterciens se sont multipliés dans tout l'ancien empire d'Allemagne[1]. Ils ont laissé, dans des vallons boisés, de vastes couvents qui comptent aujourd'hui parmi les édifices les plus pittoresques de l'Allemagne et de l'Autriche. Les mieux conservés se trouvent dans le Wurtemberg.

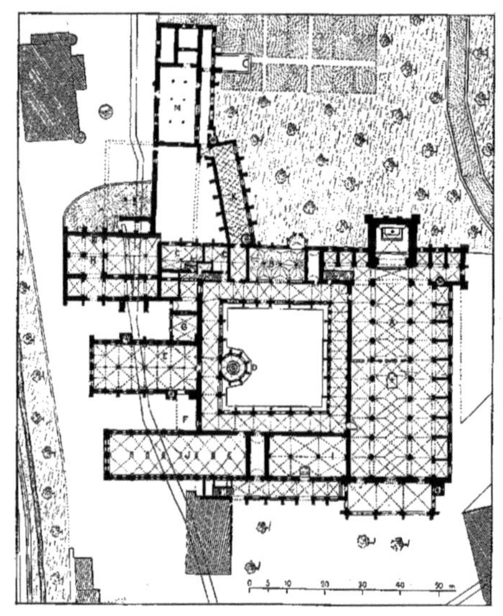

121. PLAN DE L'ABBAYE DE MAULBRONN[2].

MAULBRONN. — L'un est l'abbaye de Maulbronn (fig. 121), dans la vallée de la Salzach, qui descend vers le Rhin. Les restes de mur d'enceinte enclosent un monastère auquel ont travaillé quatre siècles. Commencé avant 1150, il a conservé de la construction primitive les nefs, le chœur et le transept de l'église. Le porche et les chapelles méridionales sont postérieurs; le

[1] C'est sur les abbayes allemandes que l'attention des archéologues s'est portée d'abord. Après le livre de R. Dohme, *Die Kirchen des Cistercienserordens in Deutschland*, Leipzig, 1889, qui a fait époque, l'étude la plus importante est celle de A. Holtmeyer, sur les églises cisterciennes de la Thuringe, qui a été déjà citée et a été largement mise à contribution, avec le livre du savant anglais J. Bilson, dans tout ce chapitre.

[2] D'après les relevés du Professeur Dr Eduard Paulus, *Die Cisterzienser-Abtei Maulbronn*, Stuttgart, Paul Neff, 1889.

Légende du plan. — A, église ; B, salle capitulaire ; C, ancienne salle des frères ; D, cloître et lavabo ; E, réfectoire ; F, cuisine ; G, chauffoir ; H, grand cellier ; I, petit cellier ; J, réfectoire des frères lais ; K, parloir ; L, château ducal ; M, salle des frères.

monumental réfectoire des frères lais, divisé en deux nefs, dont les colonnes géminées supportent des voûtes d'arête massives ; le réfectoire des frères, le cloître et son élégant lavabo octogonal appartiennent au commencement du XIIIe siècle et comptent parmi les monuments les plus riches de l'époque des Hohenstaufen. Dans le reste des bâtiments, les formes élancées du XIVe siècle voisinent avec les fantaisies flamboyantes. Même dans les parties les plus anciennes, les traditions germaniques imposent leur accent aux modèles importés de Bourgogne ; mais le plan reste fidèle aux dispositions bourguignonnes ; la place des bâtiments monastiques, par rapport à l'église, est seulement inversée, comme en Provence.

BEBENHAUSEN. — Non loin de Maulbronn, le monastère de Bebenhausen (fig. 122) se dresse au milieu des bois, sur la route de Stuttgart, au nord de Tübingen : c'est aujourd'hui un château de chasse du roi de Wurtemberg.

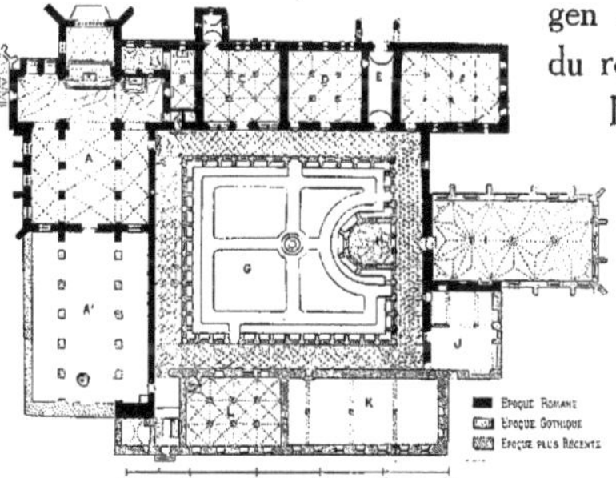

122. PLAN DE L'ABBAYE DE BEBENHAUSEN[1].

L'église a été construite de 1187 à 1227 et la plus grande partie des bâtiments abbatiaux date de la fin du XIIe siècle. Le réfectoire d'été, très belle construction divisée en deux nefs par trois minces colonnettes, fut reconstruit en 1335, le cloître à la fin du XVe siècle et le réfectoire d'hiver à la fin du XVIe.

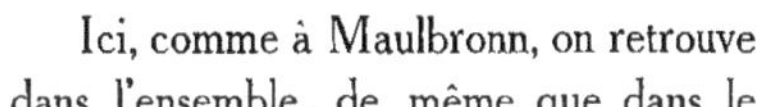

Ici, comme à Maulbronn, on retrouve dans l'ensemble, de même que dans le détail des constructions, au moins pour l'église et les bâtiments situés à l'est du cloître et qui sont les plus anciens, le caractère sérieux et logique des édifices cisterciens. A l'intérieur de l'église et de la salle capitulaire, les arcs des voûtes reposent, comme dans les monuments bourguignons, sur des colonnes tronquées que supportent des culots[2].

[1] Professeur Dr. Eduard Paulus, *Die Cisterzienser-Abtei Bebenhausen, herausgegeben vom Württembergischen Alterthums-Verein,* Stuttgart, Paul Neff, 1886.

Légende du plan. — A, église primitive ; A', adjonction postérieure ; B, sacristie ; C, salle capitulaire ; D, parloir ; E, passage ; F, salle des frères lais ; G, préau du cloître ; H, lavabo ; I, réfectoire d'été ; J, cuisine ; K, réfectoire d'hiver ; L, réfectoire des frères lais ; M, chapelle de l'abbé Conrad, † 1353.

[2] Nous devons à M. Marcel Aubert d'utiles indications sur les abbayes cisterciennes allemandes, dont il a fait une savante étude.

*
* *

Abbayes espagnoles. — L'ordre de Cîteaux prit dans toute l'Espagne chrétienne, au XIIe et au XIIIe siècle, un développement aussi rapide que celui de Cluny au XIe siècle. De grands monastères cisterciens sont encore debout dans toutes les régions de l'Espagne, en Galicie et en Navarre, comme en Aragon et en Castille. Quelques-uns de ces édifices sont presque intacts et comptent parmi les monuments les plus importants de l'art cistercien[1].

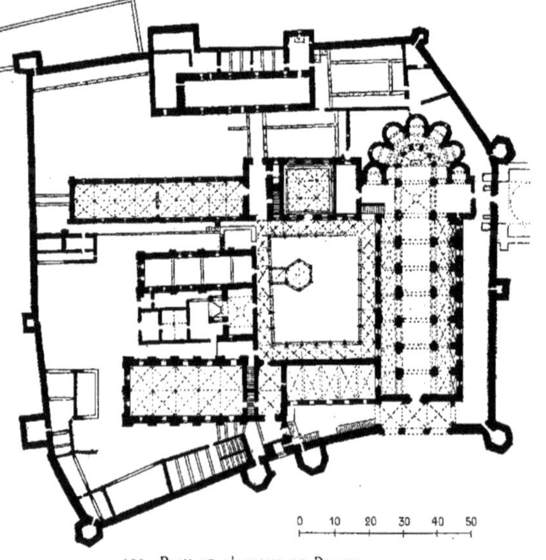

123. Plan de l'abbaye de Poblet.

Poblet. — A cinquante kilomètres de Tarragone, dans un large vallon et sur un domaine concédé en 1149 par le comte de Barcelone, Raymond Bérenger IV, aux moines de Fontfroide, s'élève l'abbaye de Poblet (fig. 123), entourée d'une enceinte fortifiée. L'église date de la deuxième moitié du XIIe siècle ; le cloître et les bâtiments monastiques sont de la même époque et de la première moitié du XIIIe siècle. Ces derniers, entourant le cloître, se développent au nord de l'église. La salle capitulaire est voûtée d'ogives sur quatre piliers octogonaux ; le réfectoire, du XIIe siècle, est voûté en berceau sur doubleaux ; il conserve la chaire du lecteur, avec son escalier[2] pris

[1] Voir le chapitre important consacré à l'architecture cistercienne par V. Lampéry y Romea, dans le second volume de son ouvrage : *Historia de la Arquitectura cristiana española en la Edad Media*, Madrid, 1909.

[2] Un autre escalier, plus élégant, existe encore dans le réfectoire d'une autre abbaye cistercienne d'Espagne, Santa-Maria-de-Huerta, province de Soria (fig. 125).

dans l'épaisseur de la muraille. La cuisine est contiguë au réfectoire. La salle des frères a neuf travées, le cellier en a cinq ; ce sont de superbes constructions voûtées d'ogives.

A Santas-Creus, à Santa-Maria-de-Huerta, à la Oliva, etc., nous retrouvons la même conformité de plan.

Les monastères de femmes, qui commencent à apparaître dans l'Ordre de Cîteaux dès 1120, ne diffèrent en rien des monastères d'hommes.

Las Huelgas. — L'abbaye des dames nobles de las Huelgas, près de Burgos, fut fondée à la fin du xiie siècle, par Alphonse VIII de Castille. L'abbesse avait la

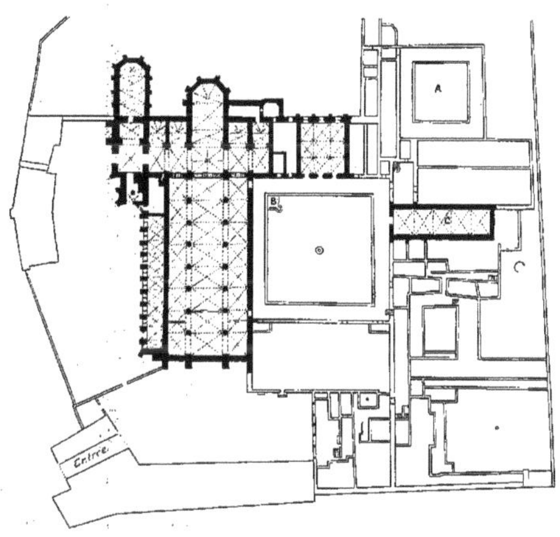

124. Plan du monastère de las Huelgas.
(Monographie d'Agapito Révilla.)

seigneurie de soixante-quatre villages, elle conférait des bénéfices, connaissait des causes civiles et matrimoniales, avait droit de basse justice sur les séculiers, présidait chaque année le Chapitre où se réunissaient les abbesses cisterciennes d'Espagne. C'est là que saint Ferdinand fut armé chevalier. L'église, selon la volonté du fondateur, était la nécropole royale de Castille ; malheureusement les tombeaux, œuvres précieuses du xiiie siècle et de style tout français, sont cachés dans la clôture, qui ne s'ouvre que devant Sa Majesté Catholique.

L'ensemble du monastère, édifié avec un très grand luxe, est encore presque complet ; mais, la clôture étant des plus sévères, l'intérieur est à peu près inaccessible. Les bâtiments réguliers sont situés au midi de l'église orientée et indépendamment du grand cloître, renfermant le lavabo (B) dans l'angle nord-est du préau ; un second cloître (A), plus petit, se développe à l'est, comme à Cîteaux. La salle capitulaire, avec sa voûte d'ogives portée sur des faisceaux de colonnettes, est la plus élégante que les cisterciens aient bâtie en Espagne, mais l'architecture est composite et moins franchement bourguignonne qu'à Poblet. Les voûtes du chœur et du transept de l'église sont de tracé angevin et les chapiteaux à feuillages des colonnes des portes ne rappellent plus l'austérité cistercienne. Aux formes fleuries de l'art de la fin du XIIIe siècle s'ajoutent, de la façon la plus étrange et la plus pittoresque, des décorations de stuc à dessins « mudéjars » exécutés dans le siècle de saint Ferdinand par des Mores soumis.

125. Réfectoire de Santa-Maria-de-Huerta.

*
* *

Quelle que soit la variété des détails, l'unité de plan de toutes ces constructions monastiques est constante depuis l'Angleterre jusqu'à l'Italie, depuis le Brabant jusqu'à la Castille. Dans toutes les abbayes que nous venons de parcourir, les moines de Fontenay auraient pu se trouver chez eux au bout d'une heure. A peine auraient-ils dû, à Poblet par exemple, sortir de l'église à leur gauche et non à leur droite, pour passer au cloître et au réfectoire. Chacune de ces grandes maisons que l'Ordre de Cîteaux a fondées dans une moitié de l'Europe apparaît comme un même corps de constructions, formé par une même règle, préparé pour une même vie, et qui semble encore habité par une même âme.

LES PLANS DES ÉGLISES CISTERCIENNES

Les églises des abbayes de Cîteaux et de Clairvaux nous sont uniquement connues, comme les bâtiments monastiques dont elles étaient accompagnées, par des plans. Ces plans comportent un développement considérable de l'abside. Clairvaux avait un déambulatoire semi-circulaire, qui ne diffère du plan commun en France, dans beaucoup d'églises monastiques ou épiscopales, depuis la fin du xe siècle, que par le nombre des chapelles disposées en demi-couronne. Un plan presque identique a été suivi, avant la fin du xiie siècle, dans la reconstruction du chevet de l'église de Pontigny. D'autres églises cisterciennes ont conservé le plan du déambulatoire français, avec trois ou cinq chapelles saillantes : ces églises forment tout un groupe en Espagne[1].

Le plan de l'église de Cîteaux, tel que Dom Prinstet l'a relevé au xviiie siècle, était beaucoup plus original : l'abside, de plan rectangulaire, était développée, avec ses piliers et ses chapelles, de manière à dessiner un véritable déambulatoire qui passait derrière le sanctuaire par un retour brusque à angle droit. Cette disposition insolite ne se rencontre que dans les églises cisterciennes qui ont certainement pris pour modèle l'église-mère de Cîteaux. Ces églises sont presque toutes réparties en Allemagne ; les plus remarquables sont celles de Riddagshausen et d'Ebrach (fig. 126).

Le déambulatoire de plan rectangulaire, dont Citeaux donnait le modèle, était un parti tout cistercien, celui que le maître-d'œuvre picard Villard de Honnecourt a adopté (peut-être en se souvenant du monastère de Vauxcelles, voisin de son village natal), lorsqu'il veut esquisser sur son cahier de parchemin le plan type d'une église de l'ordre de Cîteaux (fig. 127). Mais ce plan si amplement développé n'est pas celui des premières églises cisterciennes. Le déambulatoire, semi-circulaire ou rectangulaire, n'apparaît à Cîteaux et à Clairvaux que dans des reconstructions qui sont probablement postérieures au moins de quelques années à la mort de

[1] En Catalogne, à Poblet ; en Aragon, à Veruela ; en Navarre, à Fitero ; en Castille, à Moreruela (d'après Lampérez).

ABBAYE DE FONTENAY

Ph. L. Bégule.

CHEVET DE L'ÉGLISE

saint Bernard. Où chercher le plan primitif des églises cisterciennes : celui qui succédait au plan élémentaire de l'oratoire à une seule nef, fait pour recevoir une douzaine de religieux, campés dans un monastère dont les cabanes étaient de bois ?

Ce plan primitif, l'illustre archéologue allemand Dehio a cru le trouver dans la ruine des Vaux de Cernay. Ici, il faut imaginer une abside semi-circulaire, à la place du chevet rectangulaire qui a été bâti après coup. Les deux absidioles saillantes sur chaque bras du transept sont de profondeur inégale : depuis l'abside

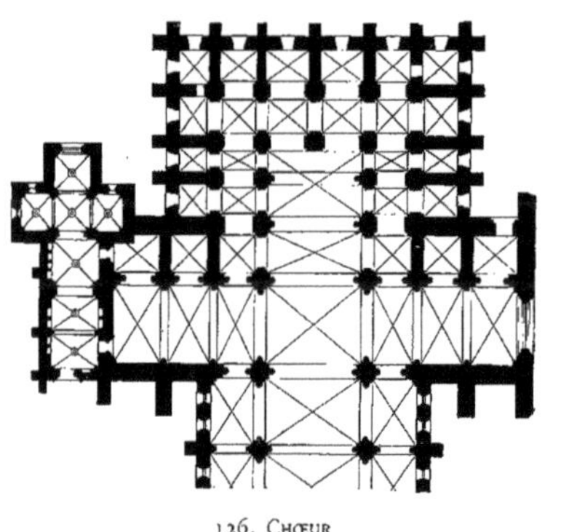
126. CHŒUR DE L'ÉGLISE D'EBRACH.

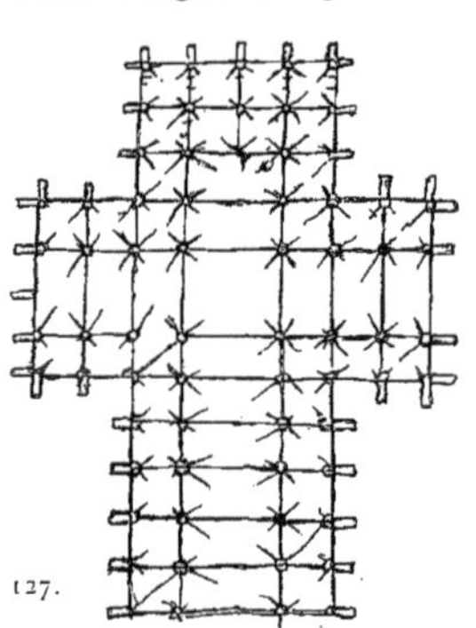
127.

vesci une glize desquarie ki fu esgardee. a faire en lordene de cistiaus

jusqu'à l'extrémité du transept, les saillies arrondies du chevet décroissent en manière de flûte de Pan. Ce plan n'a rien de cistercien, bien qu'il se retrouve dans les ruines du monastère cistercien de Georgenthal, en Thuringe [1] (1140 ou 1142). Il est représenté, dans la même région, par des églises bénédictines, comme celle de Thalbürgel, qui fait partie du groupe clunisien dont Hirsau était la maison-mère. Le même plan est reproduit en Suisse dans l'église clunisienne de Payerne.

En vérité, l'abbaye des Vaux de Cernay, fondée en 1118, ne fut pas cistercienne avant 1147. Fille de Savigny, une maison que saint Bernard ne comptait pas parmi les siennes et qui entra en lutte avec Clairvaux, elle représente, par son église, une architecture pré-cistercienne [2].

Le plus ancien exemple d'un plan réellement et authentiquement cistercien

[1] A. Holtmeyer, *Cisterzienserkirchen Thüringens*, p. 241.
[2] Voir Hope et Bilson, *Architectural description of Kirkstall Abbey*, p. 86, n° 12.

qui se soit conservé en France est donné par l'église de Fontenay. La caractéristique de ce plan est d'être entièrement tracé au moyen de lignes droites : les courbes des absidioles sont remplacées par des murs plats et les chapelles du transept sont de plan carré. Dans les abbayes provençales, comme au Thoronet, le mur du transept, très épais, est creusé pour faire place à la conque des absidioles [1]. Est-ce une forme de transition entre le chevet « clunisien », conservé

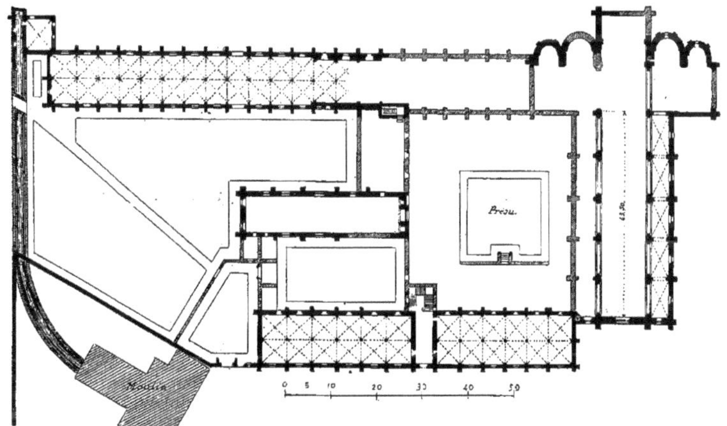

128. PLAN DE L'ABBAYE DES VAUX DE CERNAY [2].
(D'après les relevés de MM. Sibil et Hérard, *Archives des Monuments historiques*).

dans les églises du petit groupe de Savigny, comme celle des Vaux de Cernay, et le chevet tout « cistercien » de Fontenay ? Ne serait-ce pas plutôt, dans les églises cisterciennes de Provence, d'aspect si massif et si archaïque, une combinaison des traditions romanes, toujours tenaces dans cette région, et d'un dessin rapporté de Bourgogne ? Il faut noter, avec M. Bilson, que les petites et primi-

[1] Comte R. de Lasteyrie, *l'Architecture religieuse en France à l'époque romane*, p. 292, 1912.

[2] Les parties en noir indiquent les constructions qui existent encore. L'abbaye, l'une des plus belles ruines des environs de Paris, est aujourd'hui une propriété privée. La construction des édifices actuels fut entreprise en 1147 et l'église achevée en 1180. Toujours pour des raisons de configuration de terrain, les bâtiments réguliers se développent au nord. Le grand bâtiment, en prolongement du transept, de 106 mètres de long, s'étend jusqu'à la rivière et renfermait au rez-de-chaussée la sacristie, la salle capitulaire et divers services ; au-dessus le dortoir. Le réfectoire est perpendiculaire au cloître et le corps du bâtiment qui s'élève à l'ouest du cloître était le logement des abbés et des frères convers.

tives églises cisterciennes de Waverley, en Angleterre (1128) et de Lyra, en Norvège[1] (1146), ont un chevet carré, avec un transept sans absidioles ni chapelles; ce plan rudimentaire n'a fait que se développer, en s'agrandissant, à Fontenay. Il a dû être représenté en Bourgogne — peut-être à Clairvaux, avant la reconstruction de la seconde moitié du XIIe siècle — par des édifices dont il faut aujourd'hui chercher les survivants jusqu'en Norvège.

Le plan de l'église de Fontenay, avec les quatre chapelles du transept, se retrouve dans la région bourguignonne, à la Bussière (Côte-d'Or), à Mont-

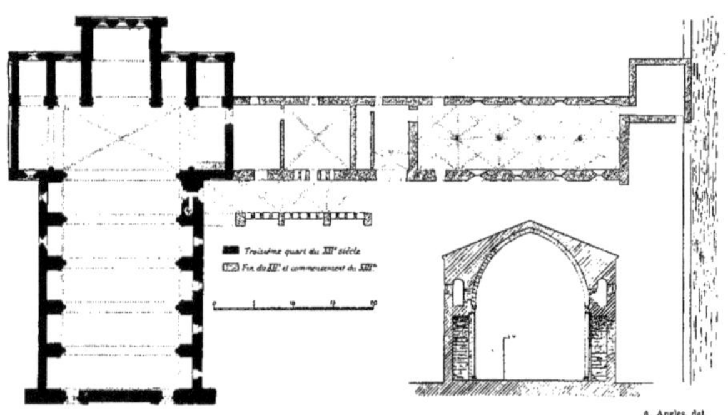

129. ABBAYE DE SILVANÈS[2].

Sainte-Marie (Doubs), à Açay (Jura) ; en Provence, à Silvacane, les angles des chapelles sont légèrement arrondis du côté du chevet, comme pour rappeler encore la courbe d'une absidiole. Ce même plan est répété à Silvanès (fig. 129), dans l'Aveyron, et dans les ruines de l'abbaye de la Couronne (fig. 130) (Charente).

Hors de France, le plan de Fontenay est le plan-type des églises cisterciennes : il est reproduit en Suisse, à Bonmont[3] (fig. 131), (canton de Vaud) à Hauterive[4] (fig. 132), à Frienisberg, à Kappel, en Brabant, à Villers-la-Sainte ;

[1] Ouvrage cité, p. 87.

[2] A. Anglès, « l'Abbaye de Silvanès », *Bulletin Monumental*, 1-2, 1908, p. 47.

[3] L'abbaye de Bonmont, qui était déjà fondée en 1123, est la plus ancienne abbaye cistercienne de la Suisse. Aujourd'hui ruinée, il n'en reste que l'église, convertie en grange. Les substructions du mur oriental du chœur et celles du porche ont été découvertes lors des fouilles de 1895 par M. A. Naef.

[4] Fondée en 1137, mais reconstruite en 1160, l'abbaye de Hauterive est située à six kilomètres de Fribourg, dans une gorge pittoresque ; elle dépendait du monastère de Cherlieu en Bourgogne. Son église bien conservée,

en Angleterre, à Roche (fig. 133) et Buildwas ; en Allemagne, à Marienthal, près Helmstadt (1140), et à Pforta, où le chœur primitif a été remplacé par une construction à voûtes d'ogives du XIVe siècle ; en Italie, à Fossanova (fig. 119), Casamari (fig. 134), San Galgano, Arbona (fig. 135) ; en Catalogne, dans l'église du monastère de Santas-Creus, dont le chevet est identique à celui de l'église de Fontenay ; en Navarre, à la Oliva (église achevée en 1198), où l'abside est semi-circulaire ; en Castille, à las Huelgas (fig. 137), où un architecte, venu sans doute de l'Anjou, a élevé des voûtes d'ogives d'un tracé compliqué sur un plan très simple, qui est celui de Fontenay. Ce plan se retrouve jusqu'à Alvastra, en Suède (fig. 138).

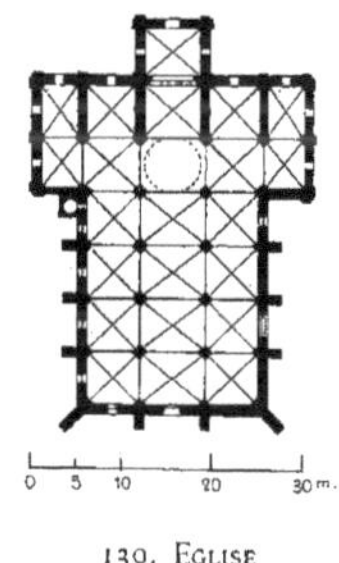

130. EGLISE DE LA COURONNE.

Le plan « de Fontenay » se prêtait à un développement facile par la simple multiplication des chapelles, qui devenait nécessaire pour des monastères très peuplés, puisque, comme on l'a déjà remarqué, les moines ne pouvaient, d'après la règle, dire

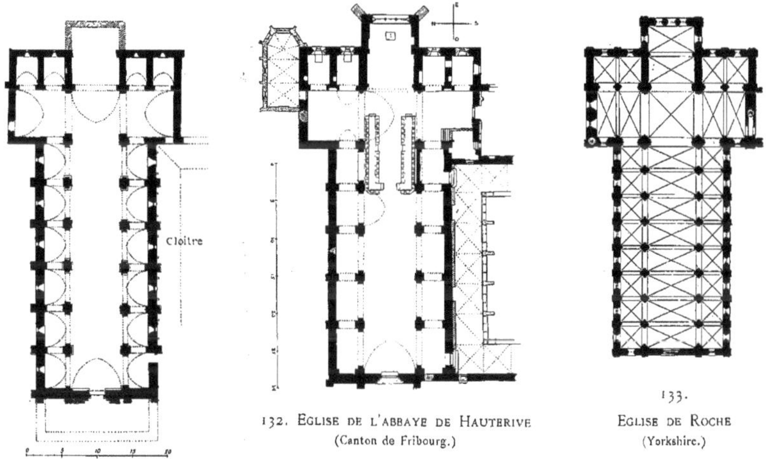

131. EGLISE DE BONMONT. (D'après les relevés de M. Albert Naef.)

132. EGLISE DE L'ABBAYE DE HAUTERIVE (Canton de Fribourg.)

133. EGLISE DE ROCHE (Yorkshire.)

malgré l'incendie de 1578, n'est plus que la chapelle d'une école normale supérieure. Le chœur renferme de merveilleuses stalles du XVe siècle, de style bourguignon (fig. 154), où l'on retrouve dans le costume des Rois Mages celui des seigneurs de la cour de Charles le Téméraire. Le cloître, sauf les voûtes, est du XIIe siècle.

plus d'une messe par jour au même autel. Le plan primitif du transept de Pontigny (fig. 139) était très probablement celui de Fontenay, avec six chapelles au lieu de quatre. Ce plan apparaît au milieu du XIIe siècle à Obazine (Corrèze) (fig. 141); peut-être reproduisait-il le plan d'un édifice plus ancien, l'église de l'abbaye de la Ferté-sur-Grosne (fig. 101), dont les ruines mêmes

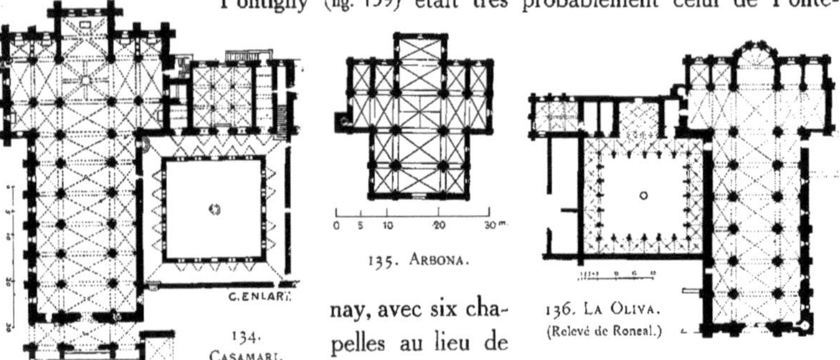

134. CASAMARI.

135. ARBONA.

136. LA OLIVA. (Relevé de Roneal.)

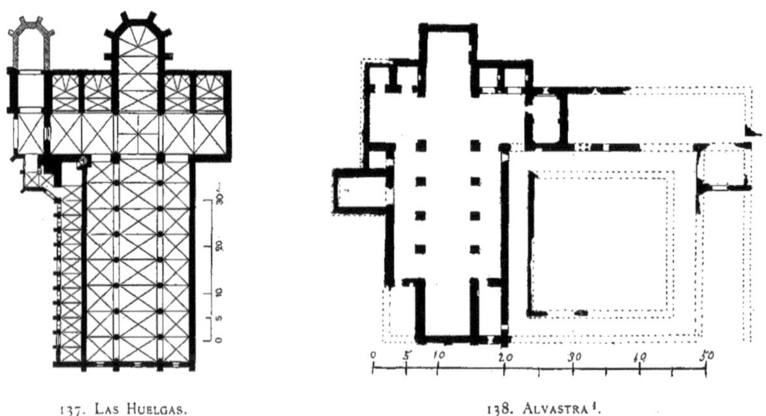

137. LAS HUELGAS.

138. ALVASTRA[1].

[1] Nous devons à l'obligeance de M. Curman, le distingué architecte des Monuments historiques de Stockholm, le plan de l'abbaye d'Alvastra. Cette abbaye est aujourd'hui en ruines. Le transept et la nef étaient voûtés en berceau brisé. Les bas côtés voûtés de même formaient une succession de chapelles. « A l'ouest, par une concession aux habitudes germaniques, une chapelle rectangulaire faisait face au chœur, tandis que deux narthex s'ouvraient en regard des bas côtés ». (C. Enlart, *l'Architecture romane* dans l'*Histoire de l'Art*, publiée sous la direction de M. André Michel, I, 2e partie, p. 533.)

ont péri. Le transept possédait huit chapelles, quatre dans chaque bras de croix.

L'église abbatiale d'Ourscamp, aujourd'hui presque complètement ruinée, était un remarquable exemple de cette multiplication des chapelles, comme le montre la très intéressante restitution de M. Lefèvre-Pontalis[1] (fig. 142).

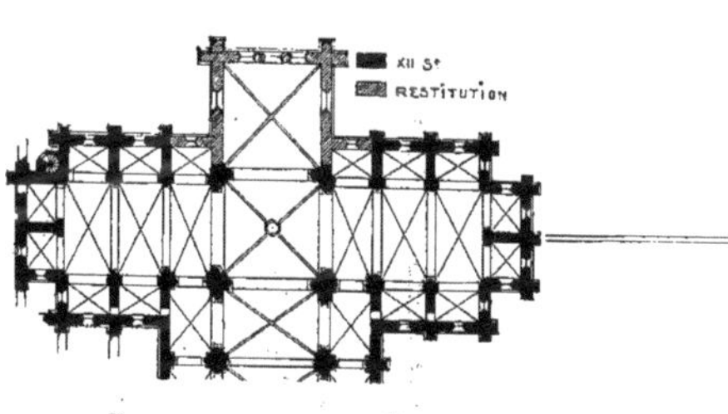

139. TRANSEPT ET CHŒUR DE PONTIGNY. (Etat primitif[2].)

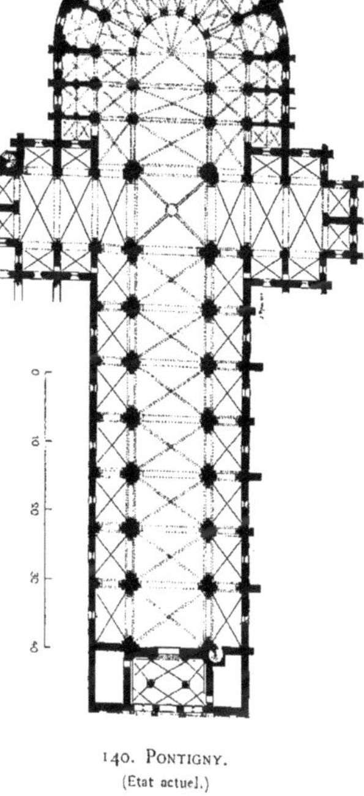

140. PONTIGNY. (Etat actuel.)

Ce plan fut reproduit à l'étranger, concurremment avec le plan de Fontenay, dont il ne différait que par le nombre des chapelles. On le trouve en Angleterre, à Furness (fig. 143), Rievaulx, Kirkstall (fig. 144), Fountains (fig. 118), Byland; en Allemagne, à Maulbronn (fig. 121), Eberbach (fig. 145) et dans d'autres églises; en Italie, dans deux des églises qui portent le nom de Chiaravalle, l'une proche de Milan et l'autre d'Ancône (fig. 146).

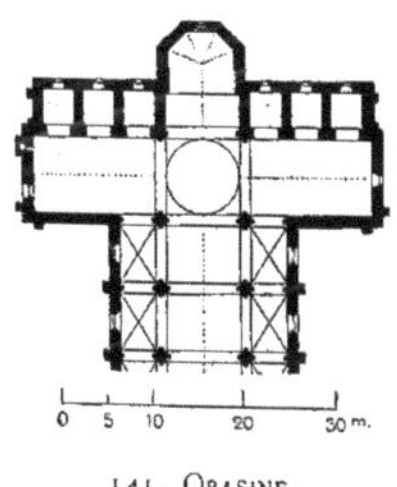

141. OBASINE.

[1] « Dans son état primitif, le croisillon nord devait renfermer cinq chapelles, car il reste des amorces de la voûte en berceau qui recouvrait la dernière. L'autre bras du transept, adossé à des bâtiments, n'en contenait que trois. Le chœur primitif devait se terminer par un mur droit, comme dans la plupart des églises du même ordre. En effet, les moines n'auraient pas éprouvé le besoin de construire un rond-point au XIIIe siècle, si leur église avait déjà été entourée de chapelles rayonnantes. » (Lefèvre-Pontalis, *Compte rendu du Congrès Archéologique de France*, session de Beauvais, p. 166, 1905.)

[2] Nous donnons le plan de l'abbaye de Pontigny d'après les relevés de M. A. Philippe et de M. Chauliat, tous deux publiés dans le *Compte rendu du Congrès Archéologique de France*, tenu à Avallon en 1908.

Le principe de la multiplication des chapelles une fois admis, les Cisterciens en tirèrent logiquement les dernières conséquences : à Clairvaux l'église de la seconde moitié du XIIe siècle eut, sur les deux faces opposées de son transept, deux rangs de chapelles qui s'ouvraient les unes en face des autres comme les cellules d'un dortoir. Enfin la file des chapelles se déploya en dehors du transept, autour du déambulatoire qui prit la place des anciens chevets carrés et qui conserva à Citeaux un plan rectangulaire, tandis qu'à Clairvaux et à Pontigny il se pliait au tracé semi-circulaire que les premiers architectes cisterciens avaient répudié.

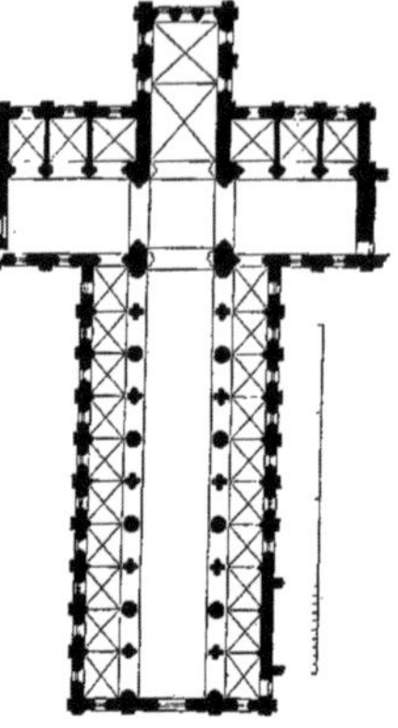

143. FURNESS.

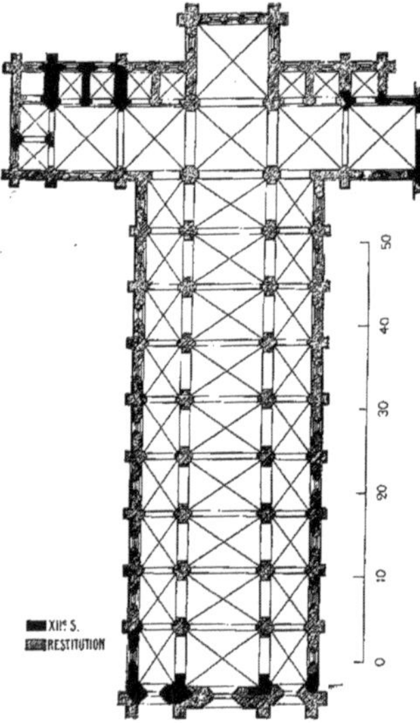

142. OURSCAMP (reconstitution).

Fontenay marque, par le plan de son église, qui s'est conservé intact, l'étape décisive de cette évolution.

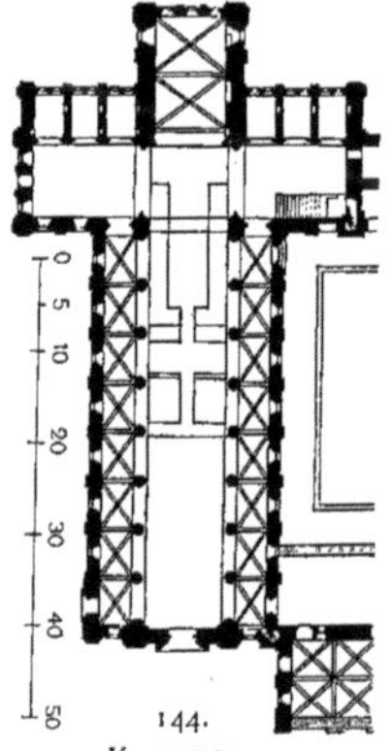

144. KIRKSTALL.

L'histoire du « plan cistercien » n'intéresse pas seulement l'histoire des églises de l'Ordre ; elle a son prolongement jusque dans la Renaissance italienne. Les églises bâties au XIIIe siècle, dans l'Italie centrale, par des moines venus de Bourgogne, firent connaître aux architectes toscans les ressources de la voûte d'ogives et servirent de modèles aux grands édifices fondés à Florence par les nouveaux ordres monastiques[1].

[1] Voir, après l'ouvrage classique de M. Enlart, l'étude très importante de M. I.-B. Supino, *Gli Albori dell' Arte florentina (Architettura)*, Florence, Alinari, 1906.

L'église des Dominicains, Santa Maria Novella, commencée en 1258, par les deux Convers Fra Sisto et Fra Ristoro, reproduit le chevet rectangulaire des églises cisterciennes de Settimo, près de Florence, et de San Galgano, près de Sienne : c'est le chevet de l'église de Fontenay, avec les quatre chapelles de son transept. La grande église des Franciscains de Florence, Santa Croce, commencée, elle aussi, vers le milieu du XIIIe siècle, a le chevet de l'église d'Obazine avec cinq chapelles sur chacun des bras de transept et une abside pentagonale, pareille à celle de l'église cistercienne de San Martino, près de Viterbe [1].

145. EBERBACH.

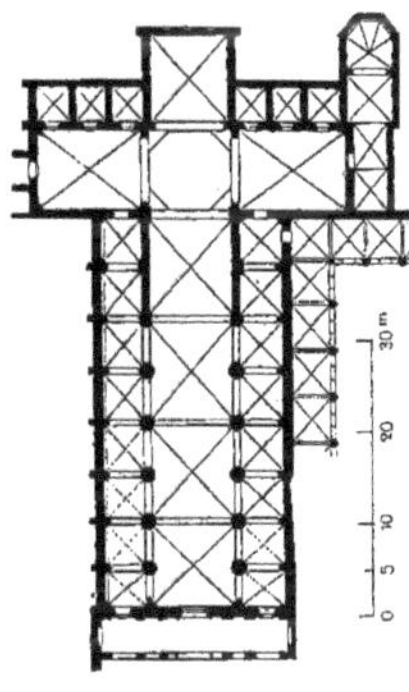

146. CHIARAVALLE (Lombardie [2]).

Vers le milieu du XVe siècle, lorsque Brunellesco dessina pour Cosme de Médicis le plan de l'église de San Lorenzo, il éleva une colonnade à la romaine sur un plan florentin, directement imité de Santa Maria Novella, pour le chevet carré et les chapelles de transept, à côté desquelles s'élèvent les petits sanctuaires à coupole, dont l'un abrite les premiers tombeaux des Médicis. Le créateur de l'architecture de la Renaissance se trouvait avoir reproduit à Florence, après deux siècles et demi, le plan de l'église de Fontenay [3].

147. PLAN DE SAN LORENZO.

[1] C. Enlart, ouvrage cité, p. 58, pl. X.

[2] Les figures 126, 130, 133, 135, 137, 141, 134, 144, 145 et 146 sont empruntées à l'ouvrage de Dehio von Bezold, *die Kirchliche Baukunst des Abendlandes.*

[3] Le rapprochement a été indiqué, pour la première fois, croyons-nous, dans un cours de M. Bertaux à la Faculté des lettres de Lyon.

Ph. L. Bégule.

LA RIVIÈRE AU-DESSUS DE L'ABBAYE

LES VOUTES

Les églises bâties dans toute l'Europe occidentale sur le plan de Fontenay ont été couvertes de voûtes fort différentes les unes des autres par leur tracé et

Ph. C. Enlart.

148. Eglise de l'abbaye Notre-Dame a Chatillon-sur-Seine.

leur construction, ou même parfois de charpentes. Les Cisterciens adoptent la voûte d'ogives pendant la seconde moitié du xiie siècle et s'en font les « missionnaires ». Dans les abbayes provençales, dont les églises comptent parmi les plus anciennes de l'Ordre de Cîteaux, la voûte en berceau de la nef principale est épaulée par des demi-berceaux continus qui occupent toute la longueur des bas côtés.

Les moines constructeurs de Fontenay ont adopté pour leur église un parti remarquable : les travées des bas côtés, séparées par des murs largement percés d'arcades, forment une succession de voûtes en berceau dont l'axe est perpendiculaire à celui du berceau continu de la nef. Les origines de cette disposition des berceaux restent obscures : Choisy les faisait remonter aux édifices royaux de la Perse Sassanide[1] ; peut-être faut-il les chercher dans les monuments romains de la Gaule qui eux-mêmes conservent des formes hellénistiques ou « gréco-orientales ». C'est un problème dans lequel nous ne pouvons nous aventurer.

Le système des berceaux transversaux avait été employé en Bourgogne dès le XIe siècle pour couvrir la nef principale d'une grande église, Saint-Philibert de

Ph. L. B.

149. Eglise de l'abbaye de Hauterive (canton de Fribourg).

Tournus. Cet emploi reste exceptionnel. Au contraire l'emploi des berceaux transversaux établis sur les bas côtés d'une église pour contrebuter un berceau bâti suivant l'axe de la grande nef devient usuel dans toute la moitié méridionale de la France pendant l'époque « romane ». L'un des plus anciens exemples est donné par l'église du monastère augustin de Bénévent-l'Abbaye (Creuse) ; les exemples du XIIe siècle sont trop nombreux pour qu'il y ait intérêt à les citer.

Les Cisterciens ont emprunté le parti des berceaux transversaux à d'autres moines, bénédictins ou augustins. Est-ce à Fontenay que ce parti de voûte est adopté pour la première fois par les constructeurs du nouvel Ordre ? Nous l'igno-

[1] Choisy, *Histoire de l'Architecture*, t. II, p. 197.

rons. Il est certain, en tout cas, que les voûtes de Fontenay (voir p. 19) ont servi de modèle à celles des églises de Châtillon-sur-Seine (fig. 148), et de Mont-Saint-Vincent[1] (Saône-et-Loire).

Des voûtes analogues à celles de Fontenay ont été bâties sur les deux églises cisterciennes de Silvanès (Aveyron) et de Bonneval-l'Abbaye (Creuse). Ce sont des architectes cisterciens qui ont fait connaître ce système de voûtes dans les régions septentrionales de la France ; il a été employé dans l'église de Saint-Pathus (Seine-et-Marne), qui appartenait à l'abbaye cistercienne de Molesmes. Les berceaux transversaux ont été adoptés dans la Suisse monastique, qui était en rapports directs avec la Bourgogne : les églises de Hauterive (fig. 149) et de Bonmont (fig. 150 et 151), les parties anciennes

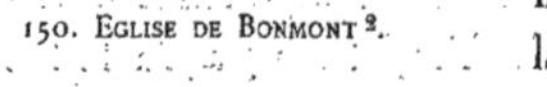

150. Eglise de Bonmont[2].

Ph. L. B.

151. Intérieur de l'église de l'abbaye de Bonmont (canton de Vaud).

[1] Cité par C. Enlart, *Manuel d'Archéologie*, p. 272.

[2] D'après le Dr Rudolf Rahn, *die Mittelalterlichen Kirchen des Cistercienserordens in der Schweiz*, Zurich, 1872, fig. 3.

de Maigrange, près de Fribourg[1], ont la plus étroite ressemblance avec celle de Fontenay. L'église anglaise de Fountains a conservé des berceaux transversaux sur quelques travées des bas côtés en ruines. Ce système de voûtes a été transporté par les Cisterciens jusque dans une des régions les moins accessibles de l'Italie méridionale, parmi les forêts des monts Gargano où M. Bertaux a retrouvé l'église abandonnée de Santa Maria di Calena[2]; les moines bourguignons ont reproduit le même système de voûtes en Sicile, dans la robuste église de San Nicola de Girgenti, près des temples grecs d'Agrigente.

Les églises cisterciennes voûtées de berceaux transversaux sur les bas côtés sont les édifices les plus étroitement apparentés à l'église de Fontenay. Elles sont très probablement ses filles. L'abbaye de Fontenay, seule survivante en Bourgogne des abbayes qui ont donné au XIIe siècle des modèles à toute l'architecture européenne, paraît avoir exercé une action « personnelle », par les voûtes de son église, qui ont été imitées depuis l'Angleterre jusqu'à la Sicile.

[1] Josef Zemp, die Klosterkirche in der Magerau bei Freiburg *(Sonderabdruck aus dem Anzeiger für schweizerische Altertumskunde*, n° 4, p. 290, 1906).

[2] E. Bertaux, *l'Art dans l'Italie méridionale*, fig. 326-327, Paris, 1904.

Ph. L. B.

152. CLOITRE DE L'ABBAYE DE HAUTERIVE.

(XIIe et XVe siècles.)

Ph. L. B.

153. Eglise et abbaye de Hauterive.
(xiie et xviiie siècles.)

TABLE DES GRAVURES

HORS TEXTE

DANS LE TEXTE

Ph. L. B.

154. STALLES DE L'ABBAYE DE HAUTERIVE.
(Ecole bourguignonne, XVe siècle.)

Ph. L. B.

154. Eglise de l'Abbaye de Bonmont.
(XIIe et XIIIe siècles.)

TABLE GÉNÉRALE

FONTENAY ET L'ARCHITECTURE CISTERCIENNE

ACHEVÉ D'IMPRIMER
LE 30 AVRIL 1912
PAR
A. REY
4, RUE GENTIL
LYON

SIMILIGRAVURE A. ARLIN

PHOTOTYPIE FAUCHEUX ET BRICE

www.ingramcontent.com/pod-product-compliance
Ingram Content Group UK Ltd.
Pitfield, Milton Keynes, MK11 3LW, UK
UKHW021044200726
13857UKWH00003B/805

9 782012 860698